Cuentos de hadas

BLANCANIEVES

Había una vez una joven bellísima de nombre Blancanieves, quien vivía con su padre, el rey, y con su madrastra, la cual era malvada y vanidosa.

La madrastra no toleraba que en el reino hubiese una mujer más bella que ella. Todos los días preguntaba a su espejo mágico:

"Espejo de mis deseos, ¿quién es la más bella del reino?". Y el espejo le contestaba: "Desde el bosque hasta la colina, la más bella eres tú".

Hasta que un día, el espejo le dijo: "La hija del rey ¡es más bella que tú!".

La reina se enfureció y ordenó a un leñador que llevara a Blancanieves al bosque y la matara. Pero, el buen hombre se compadeció y le rogó a Blancanieves que huyese lo más lejos posible.

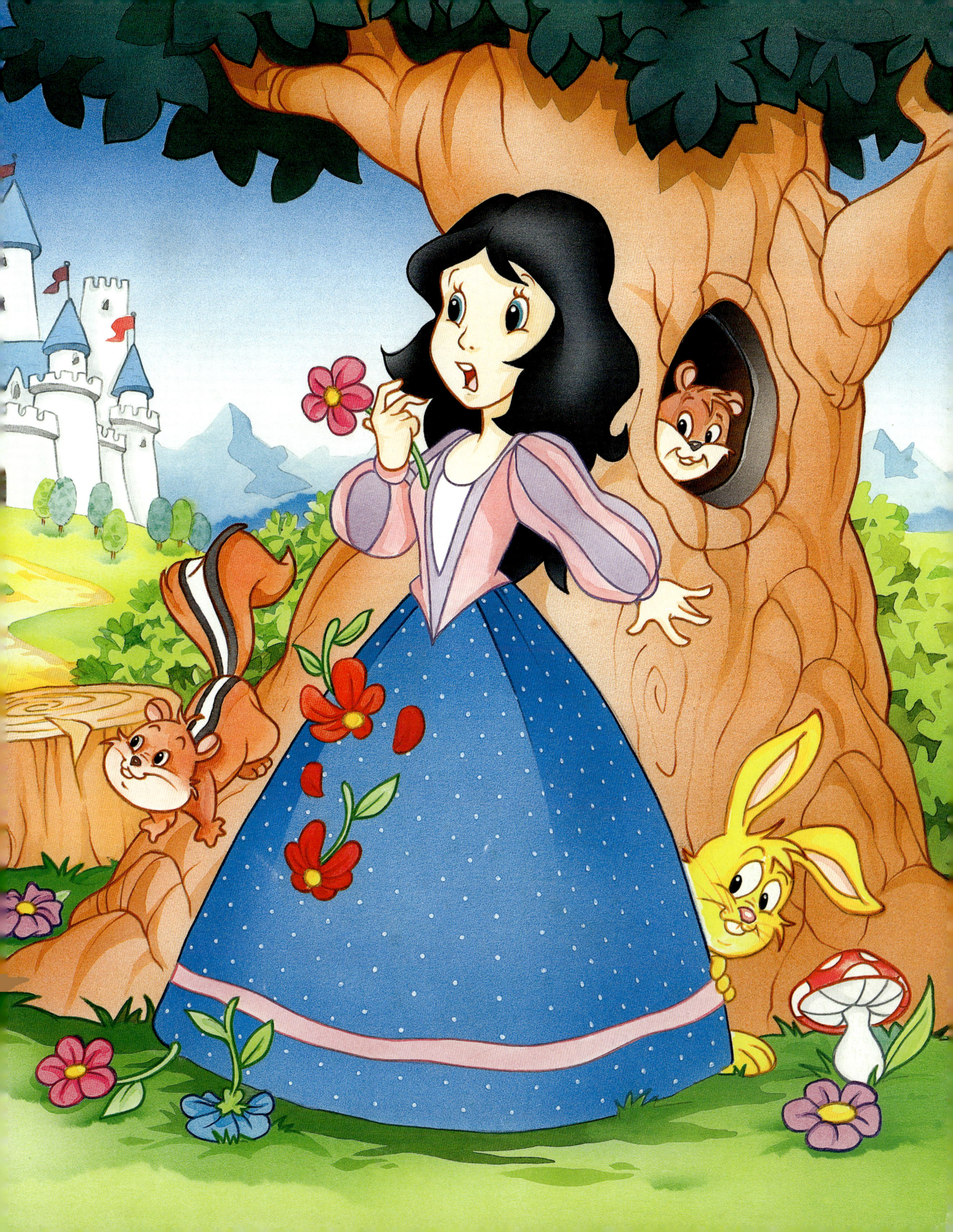

Blancanieves llegó a una pequeña casa en el bosque y, al entrar, vio una pequeña mesa tendida con siete pequeños platos, siete pequeños vasos y siete panes.

En el cuarto de al lado, vio siete pequeñas camitas y, extenuada por el largo camino, cayó en un sueño profundo.

A su regreso, los dueños de la casa encontraron a Blancanieves durmiendo. Cuando la joven despertó, contó lo sucedido y pidió a los enanitos que la dejaran quedarse.

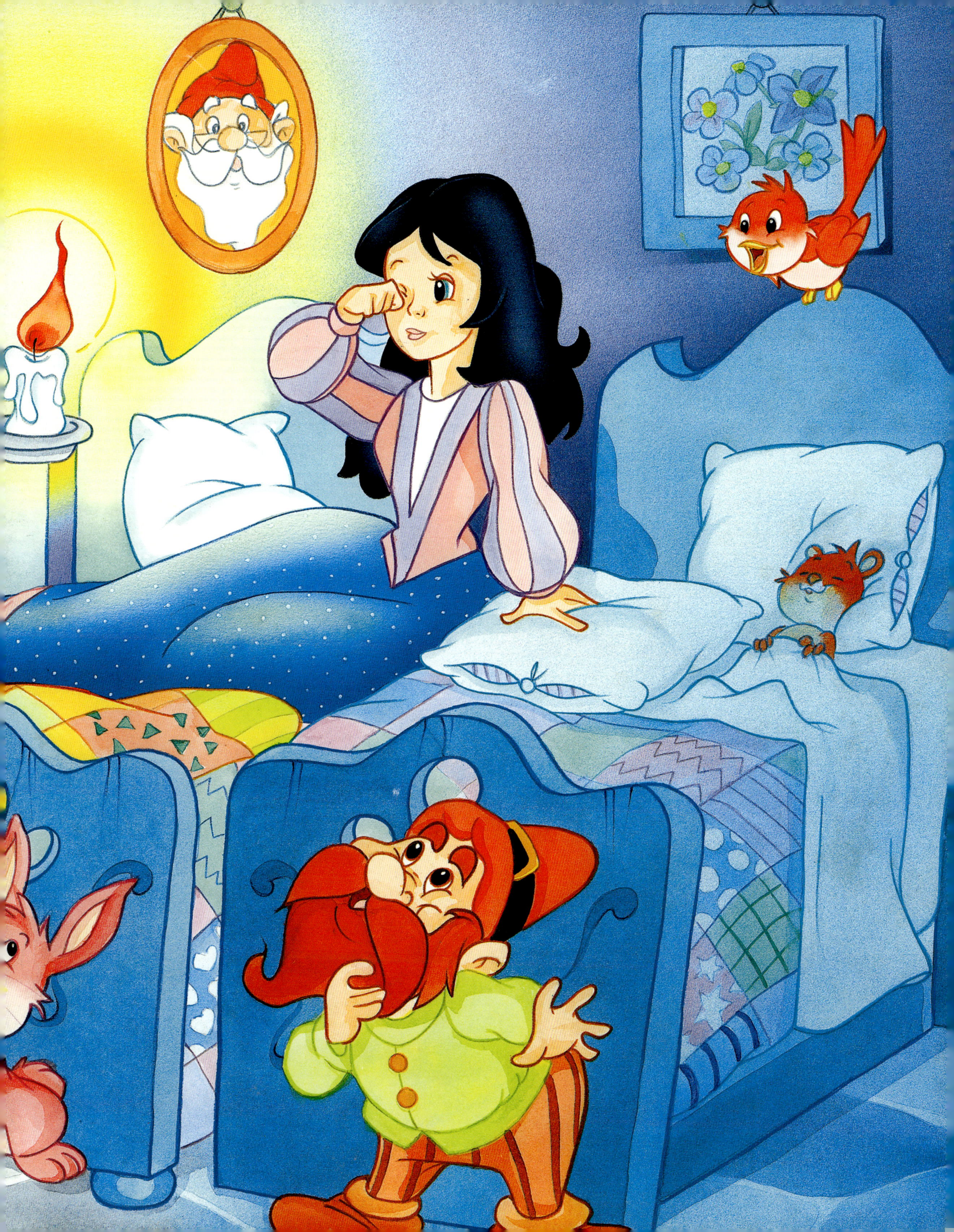

A la mañana siguiente, como todos los días, los enanitos, con sus herramientas, se fueron a la mina.

Antes de marcharse, le hicieron muchas recomendaciones a Blancanieves. "¡Tranquilos, tendré mucho cuidado!". Despreocupados, los siete enanitos partieron, silbando, hacia la montaña.

Para la niña fue una época sin preocupaciones. Los enanitos la querían mucho y ella les era muy útil:

cocinaba, aseaba la casa, cosía y remendaba sus ropas.

Un día la reina volvió a interrogar a su espejo mágico: "Espejo, espejo de mis deseos, ¿quién es la más bella del reino?".

"Aún existe una mujer más bella que tú: es Blancanieves, quien vive en el bosque con los enanitos". La reina, furibunda, envenenó una manzana, se disfrazó de viejita y se fue al bosque.

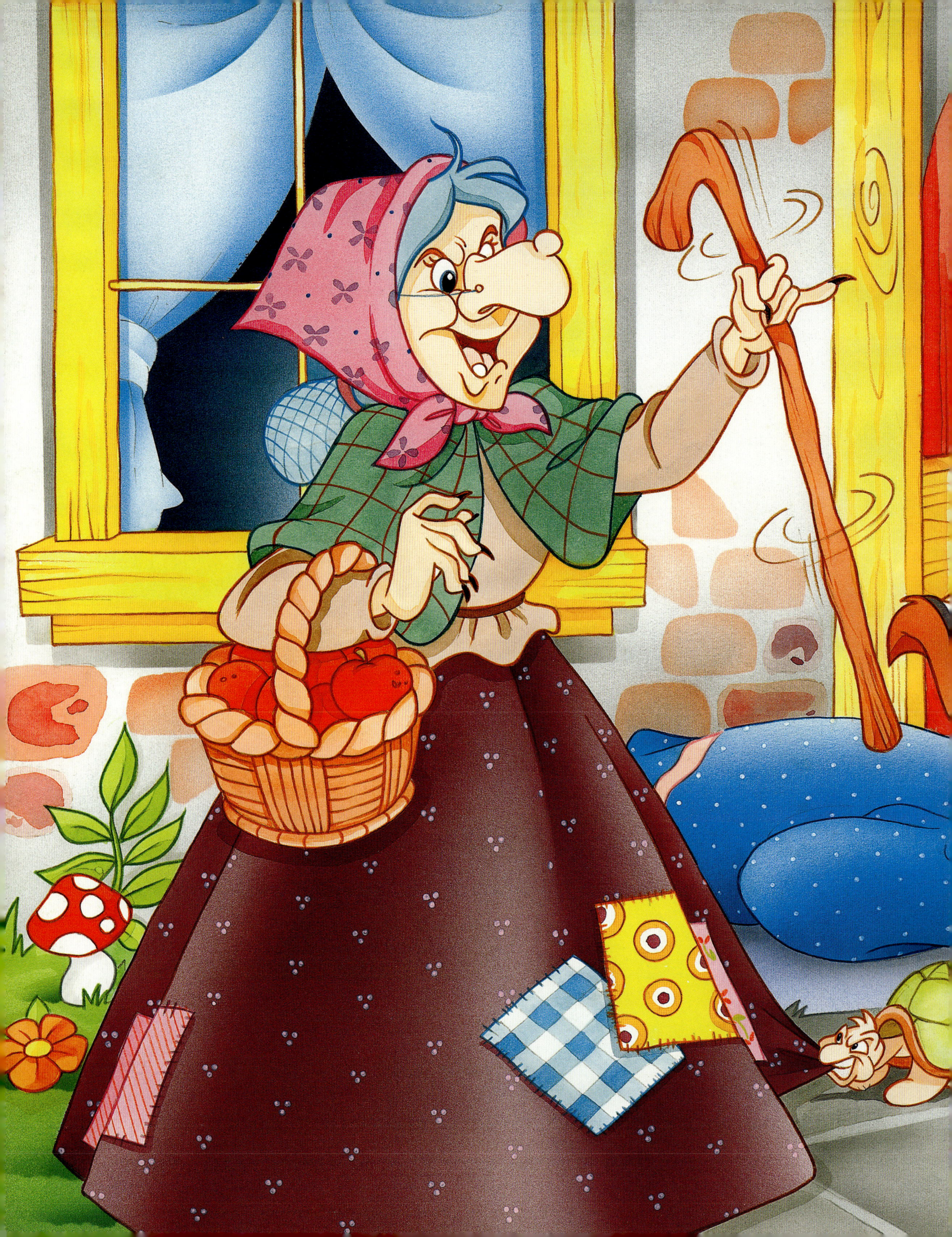

"¡Buen día! —le dijo Blancanieves cuando la vio— lo siento; pero, no le puedo abrir a nadie". "No importa, ¡sólo quería regalarte esta linda manzana roja!", le contestó la viejita; y le dio el fruto envenenado.

La joven la tomó y la mordió; pero, ¡al primer mordisco cayó en el piso como muerta!

Al anochecer, los enanitos regresaron a casa y encontraron a Blancanieves en el piso. Trataron desesperadamente de despertarla.

Blancanieves se encontraba sumergida en un sueño profundo como la muerte. Durante varios días los enanitos lloraron desconsolados. Luego decidieron tenerla con ellos, en un estupendo ataúd de cristal.

Un día, por fin, un príncipe pasó por allí y la vio. "¿Quién es esa linda joven?", preguntó. "Es Blancanieves —le contestaron los enanitos—, ¡por culpa de un hechizo está condenada a dormir para siempre!".

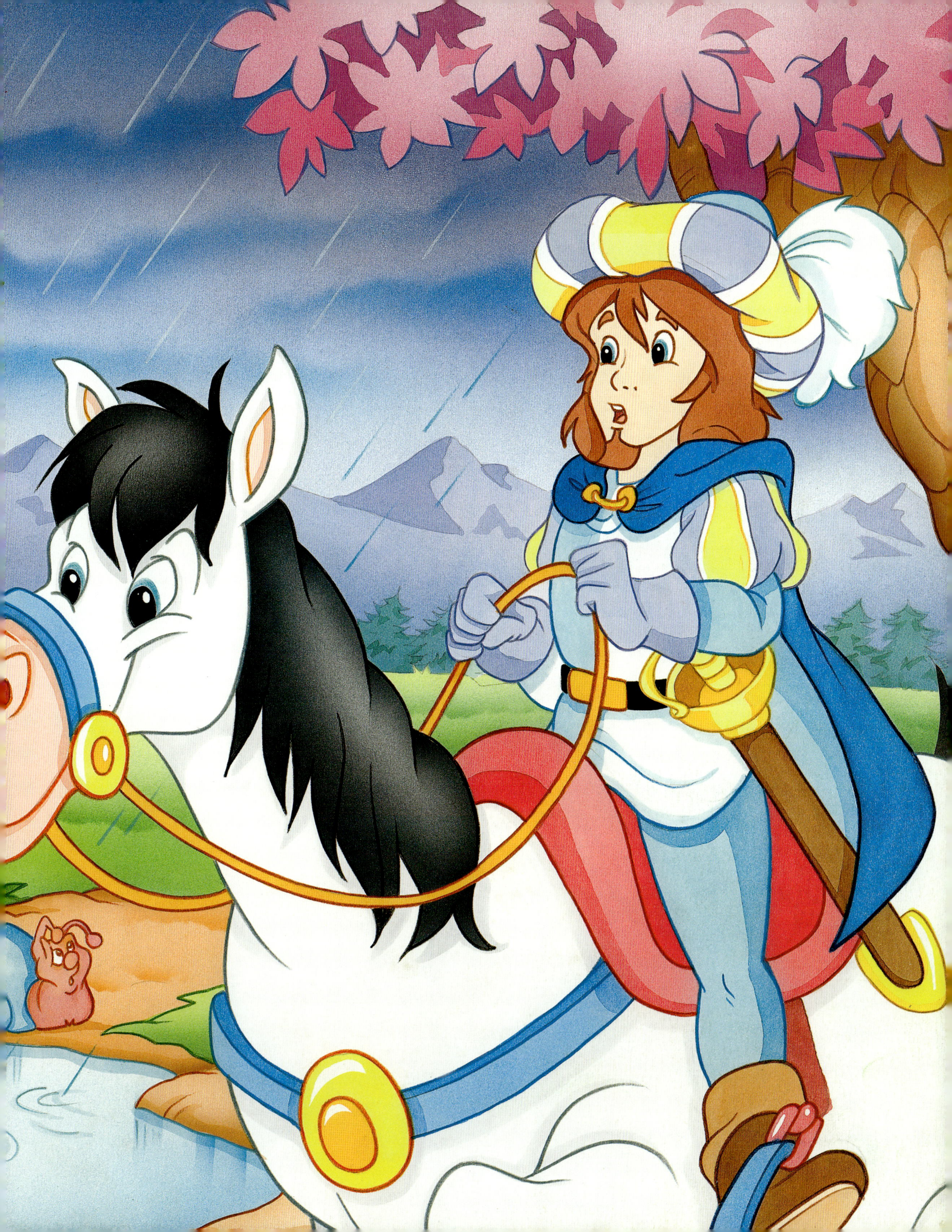

"Quiero darle un beso, antes de irme...
es tan dulce y tan bella...", susurró el príncipe.
Y así lo hizo.

Entonces, sucedió algo extraordinario: la joven despertó y le sonrió al bello príncipe. Ambos se enamoraron con tan sólo mirarse. Y desde entonces, los dos jóvenes vivieron felices y, juntos, reinaron durante muchos años.

El espejo le dijo a la reina: "Blancanieves sigue siendo más bella que tú". La reina, furiosa, lo rompió, convirtiéndose en una bruja fea.

CAPERUCITA ROJA

Había una vez una linda niña, quien vivía en una casita a la orilla del bosque. Siempre llevaba puesta una capa roja con capucha, y fue así como los habitantes de la aldea la llamaron Caperucita Roja.

Una mañana de primavera, su mamá le dijo: "Caperucita Roja, lleva esta cesta de panes calientes a tu abuela; pero, ¡pon mucho cuidado! No te quedes hablando con nadie: ¡hay muchos peligros en el bosque!".

Caperucita Roja se fue cantando hacia la casa de su abuela. En el bosque reinaba un gran silencio y el sendero estaba muy oscuro.

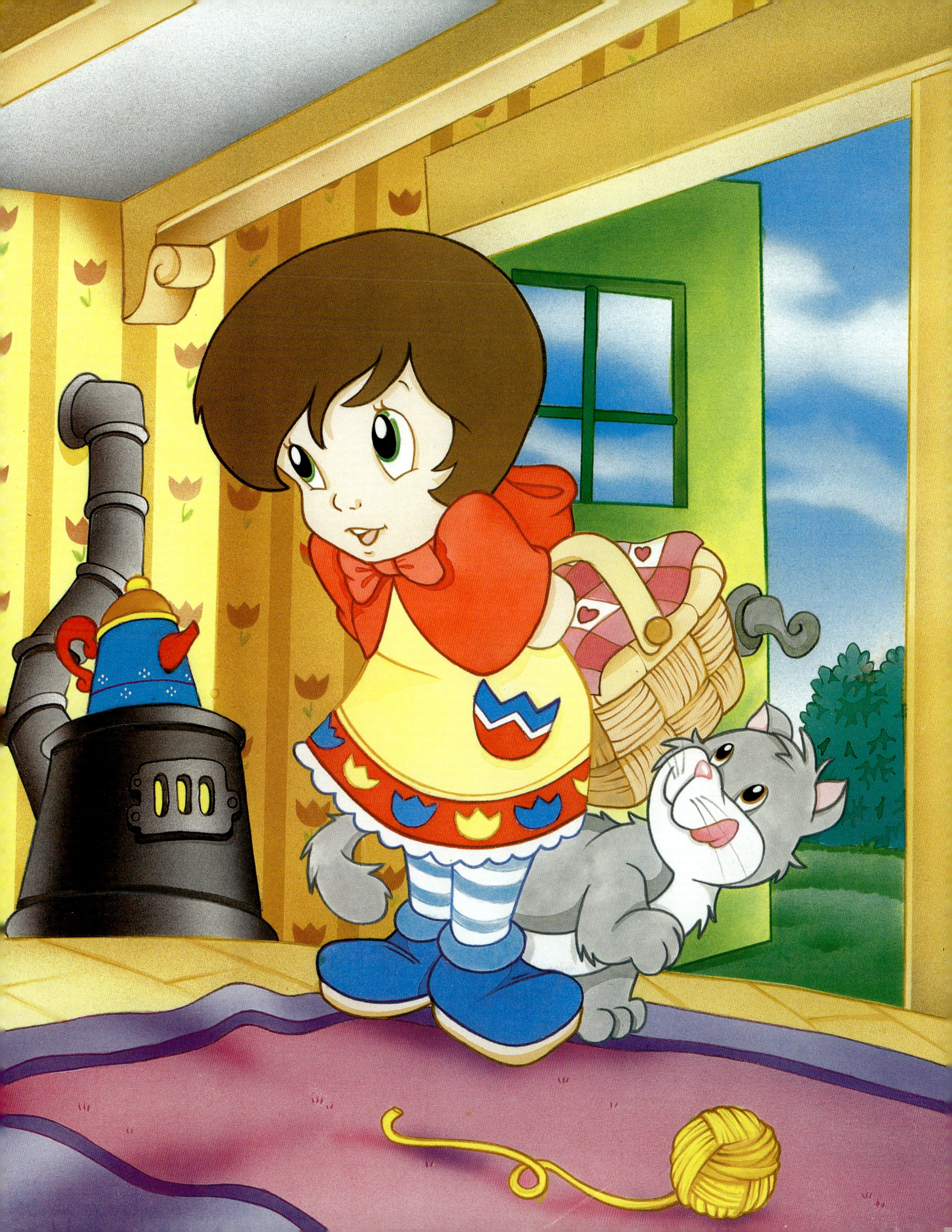

La niña vio una sombra, parecía ser un gran árbol. Pero, era un lobo espantoso que le dijo: "¡Buenos días!, ¿a dónde vas tan solita?".

"Voy donde la abuela", le contestó ella.
"¿Por qué no hacemos una competencia?", le propuso el lobo. "¡Qué linda idea! ¡Acepto!", dijo la niña.

El lobo tomó el camino más corto y llegó a la casita antes que ella. Tocó a la puerta, imitando la voz de Caperucita Roja y, tan pronto entró, de un brinco se le fue encima a la pobre abuelita, devorándola de un solo bocado.

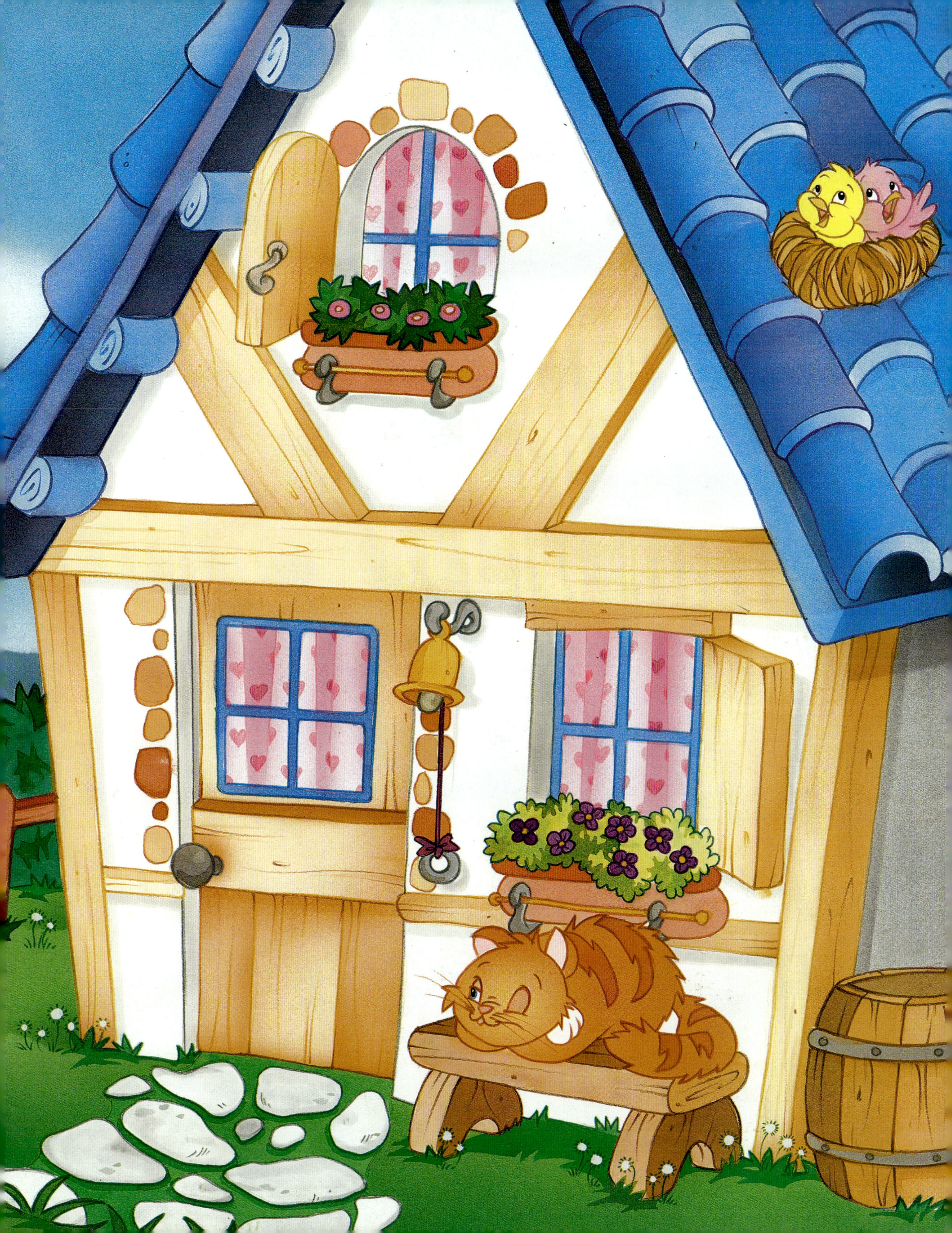

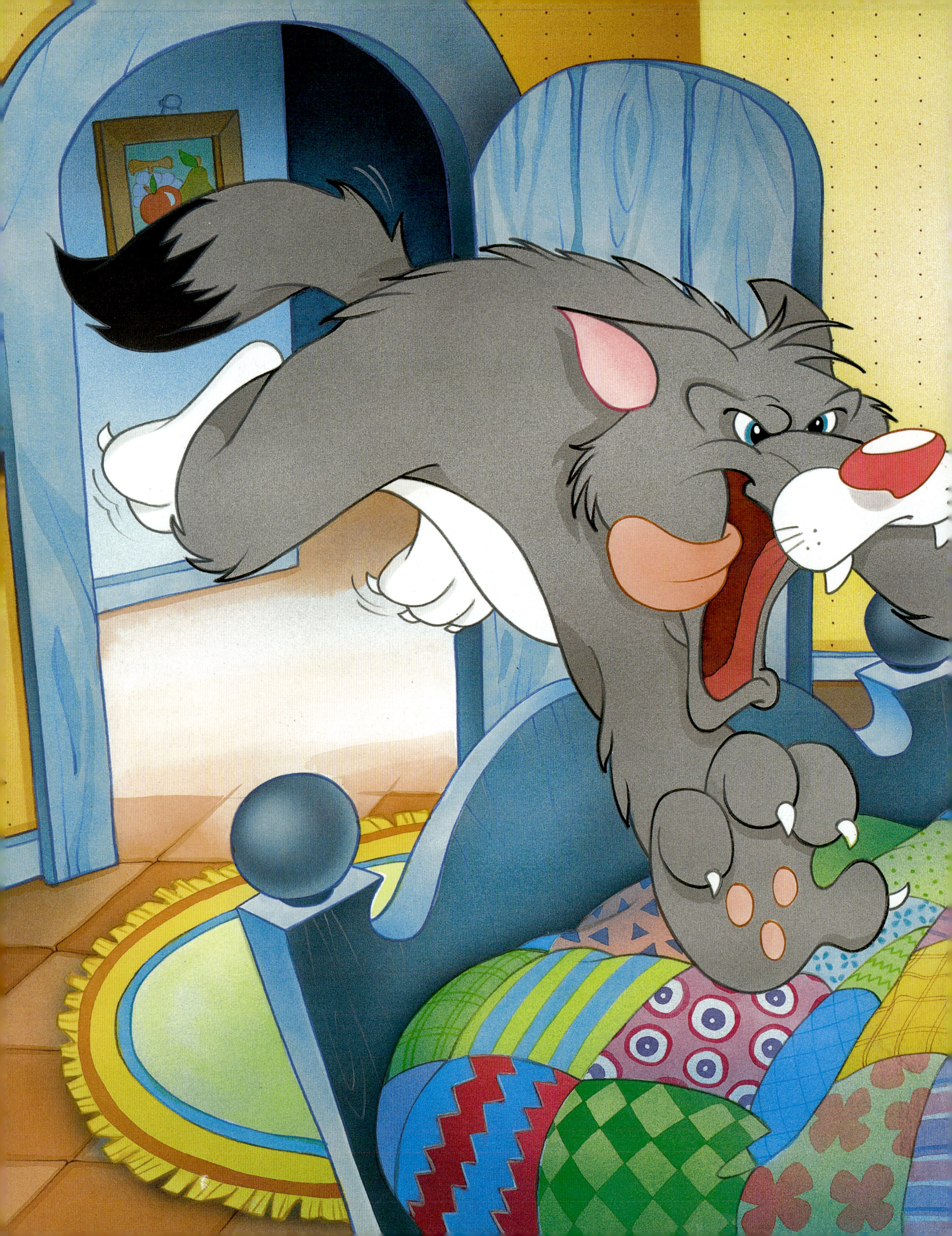

Luego, se puso la cofia y el camisón de la abuela, se acostó debajo de las cobijas y se quedó esperando la llegada de Caperucita Roja.

Caperucita Roja llegó con la cesta y, al ver a la abuela, le dijo: "Abuela, ¡qué manos tan grandes tienes!". "Son para acariciarte mejor", le respondió el lobo.

"Abuela, ¡qué oídos tan grandes tienes!".
"Son para escucharte mejor, ¡mi pequeña!", le dijo el lobo.

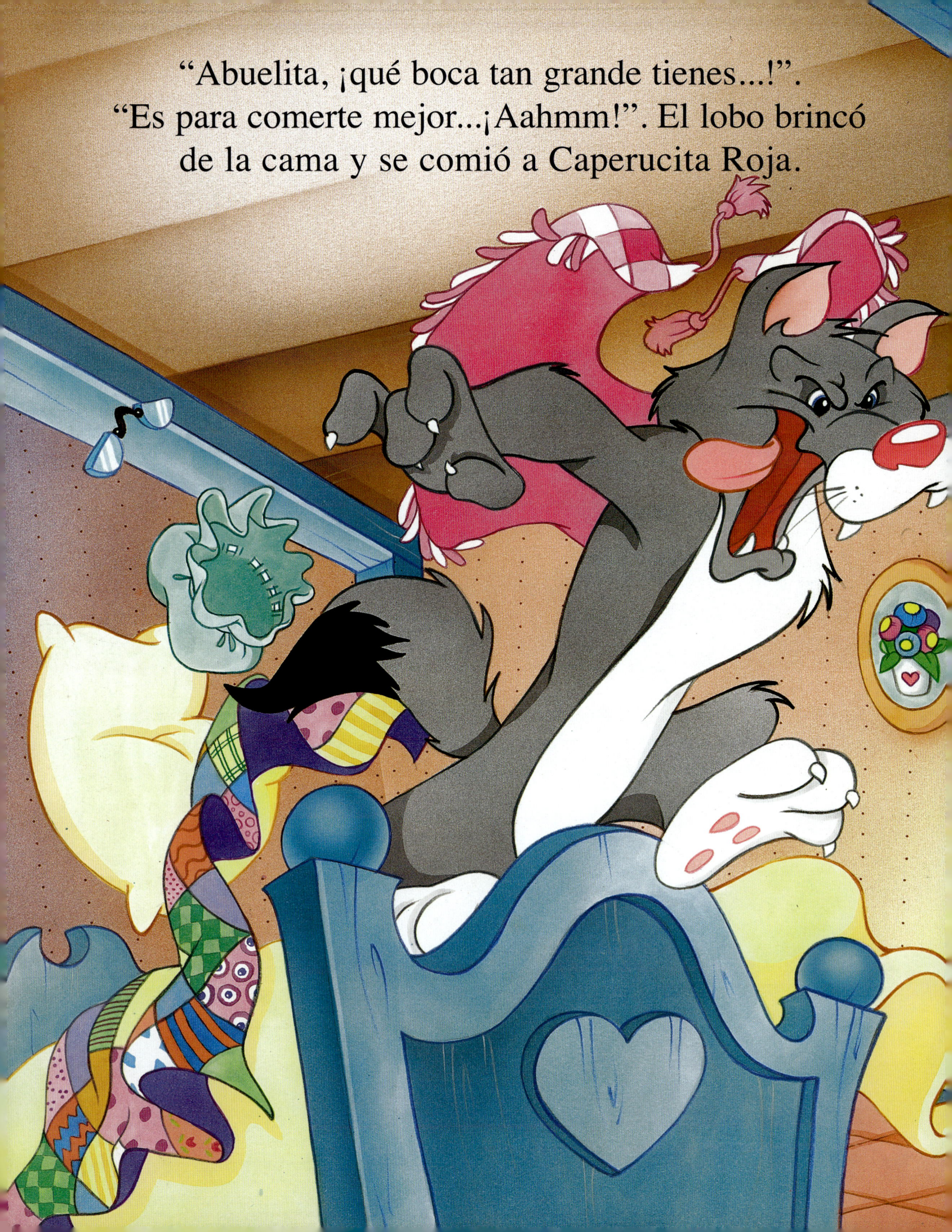

"Abuelita, ¡qué boca tan grande tienes...!".
"Es para comerte mejor...¡Aahmm!". El lobo brincó de la cama y se comió a Caperucita Roja.

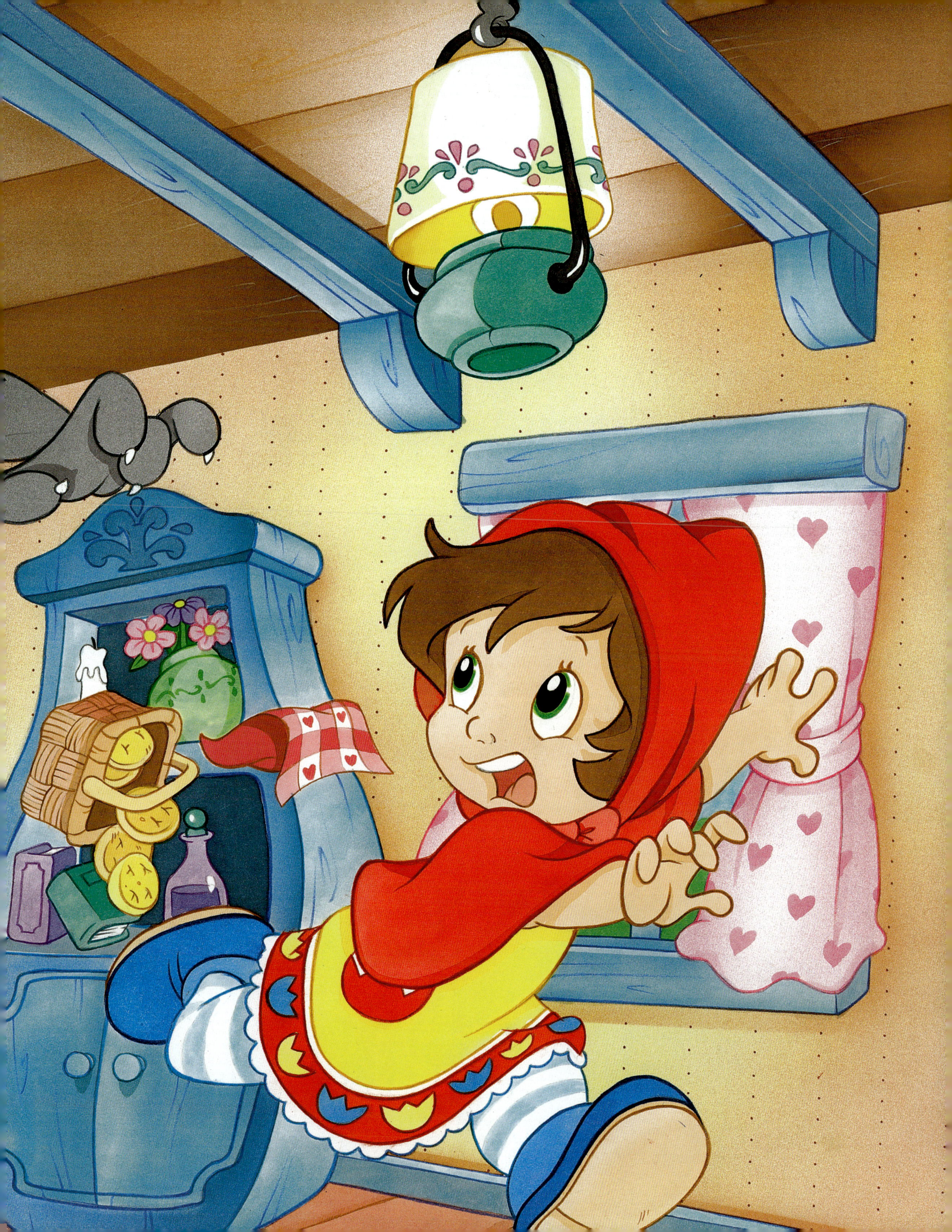

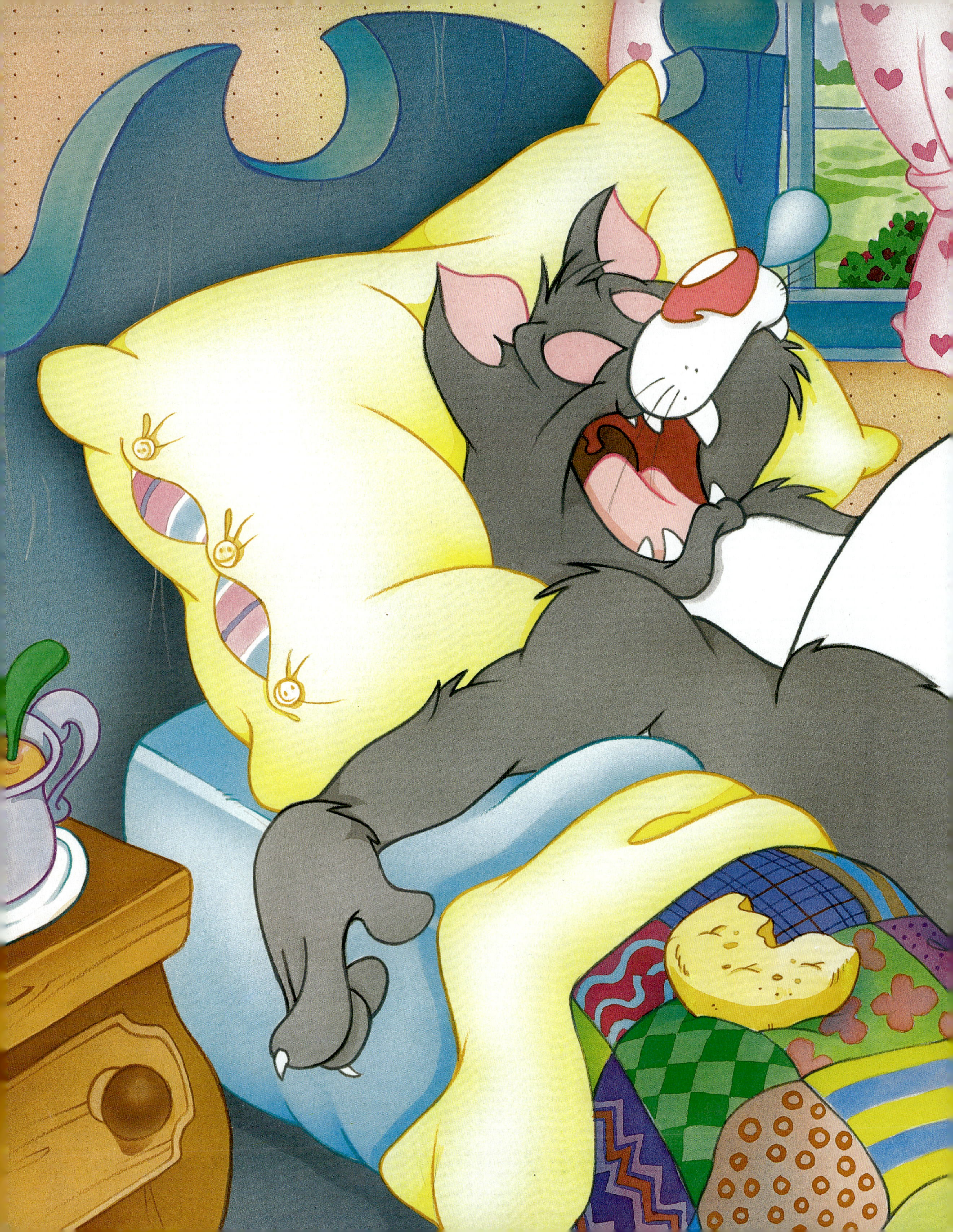

El lobo quedó satisfecho
y le dio sueño;
decidió, así, hacer
una siesta antes de regresar
al bosque. Se acostó en
la cama, cerró los ojos
y se durmió profundamente.

Poco después, un cazador que pasaba cerca de la casa quiso averiguar qué producía aquel ruido… no era otra cosa sino el roncar del lobo. Al abrir la puerta...

...vio al lobo con la boca abierta y con una enorme barriga.

En seguida agarró las tijeras y cortó lentamente la barriga del lobo, el cual dormía tan profundamente que no se dio cuenta de nada.

Al salir dijeron: "¡Démosle una lección a este lobo malvado!". Agarraron unas piedras y el cazador las colocó en la barriga del lobo, cosiéndola, después, con un hilo fuerte.

Al despertar, el lobo sintió un gran peso en el estómago.

"Comí demasiado
—pensó— tomaré un poco
de agua". Pero, al bajarse de la cama,
se cayó al piso de forma estruendosa,
debido al peso de las piedras y ¡se pegó en la cabeza!

Para festejar, comieron juntos los panes que la mamá había preparado.

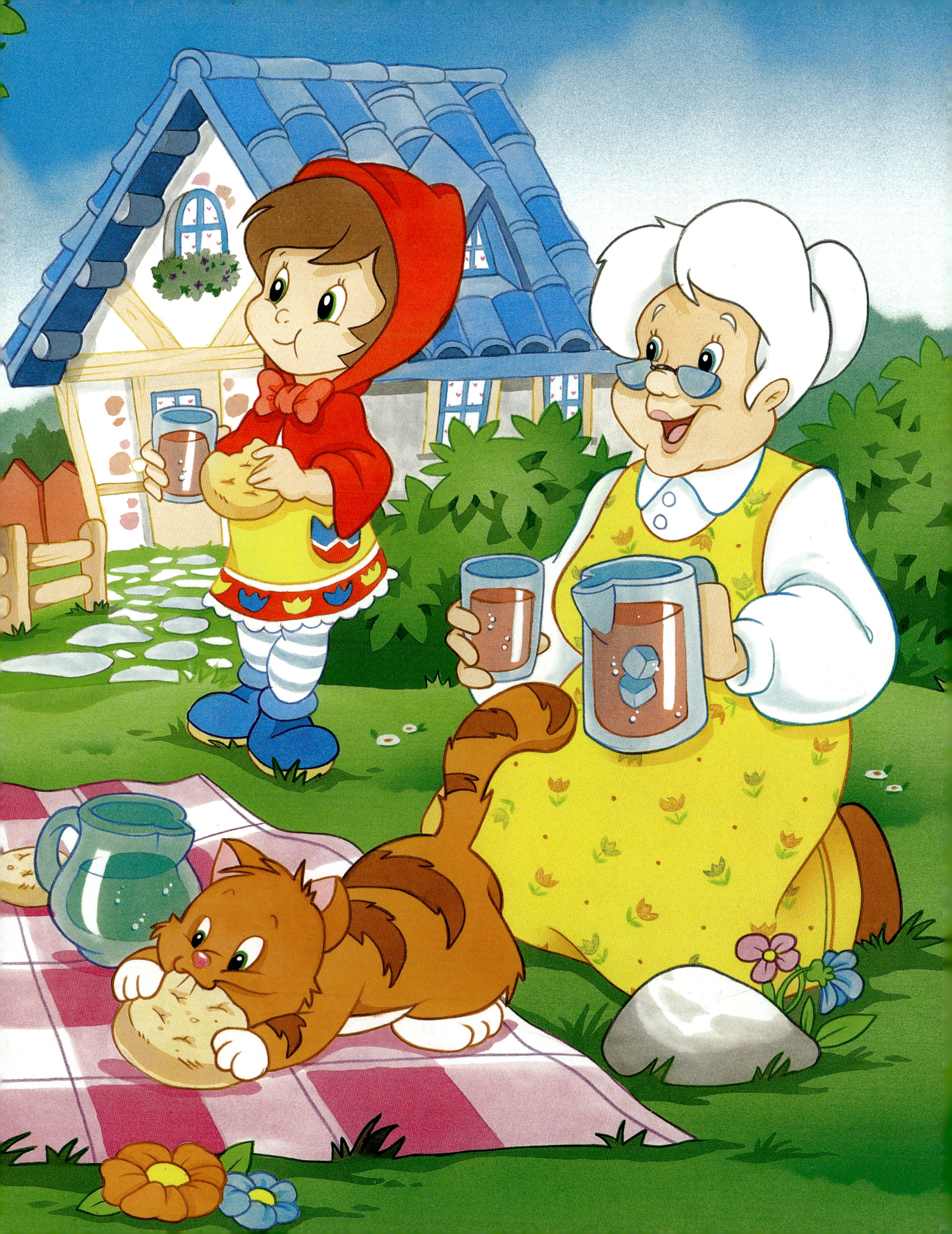

Al regresar, Caperucita Roja le contó a su mamá lo sucedido, prometiéndole que siempre escucharía sus consejos.

LOS TRES CERDITOS

Había una vez tres cerditos hermanos. El más grande era sabio y constante mientras que los dos más pequeños eran perezosos y despreocupados.

Los tres tenían que defenderse de un gran lobo malvado que vivía en el bosque cerca de su casa, y se divertía aterrorizándolos.

Y fue así como los tres hermanitos decidieron construir, lejos de allí, cada uno su propia casa, para defenderse del lobo malvado.

Salieron una mañana temprano y llegaron a una llanura muy verde.

Allí había un lindo laguito para bañarse, un prado lleno de flores y muchos árboles para jugar a las escondidas.

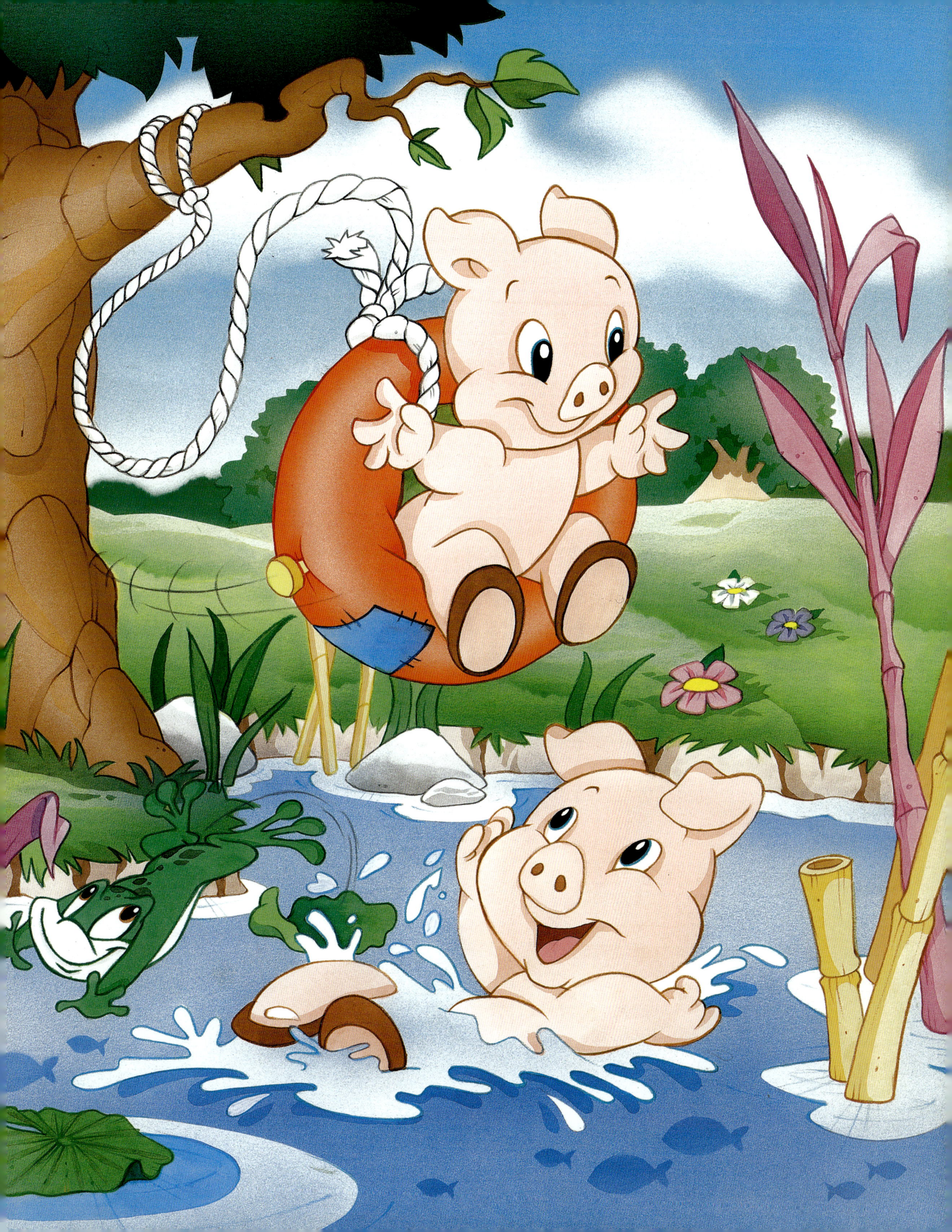

Se quedaron allí, y enseguida se pusieron a trabajar.

El cerdito más sabio decidió construir
su casa con ladrillos; empezó por las paredes,
luego las ventanas y finalmente el techo
y la chimenea. Su casa era bonita y sólida.

Los otros dos, perezosos como siempre, miraron a su alrededor y encontraron la forma de no trabajar mucho.

"Construiré mi casa con las cañas del laguito. ¡Será bellísima!", exclamó un cerdito; y empezó a recoger todas los cañas que encontró en la ribera.

El tercer cerdito,
el más perezoso entre todos,
se fue a un campo de trigo
cercano, recogió una
gran cantidad de paja y con
ella construyó su cabaña.

Al final del día, los tres habían terminado su trabajo y se fueron a dormir, cada uno en su casita.

El lobo, quien había estado siguiéndolos, salió de su escondite y se acercó a la cabaña de paja. "¡Qué cerdito tan ingenuo: no sabe cuán poderoso soy!", pensó.

Y empezó a soplar. La paja voló por los aires y la cabaña desapareció en un segundo. El cerdito, que estaba durmiendo, huyó aterrorizado hacia la casa de cañas y entró allí.

"¡Auxilio, auxilio; el lobo me está persiguiendo! Destruyó mi casa de un solo soplo. ¡Rápido, déjame entrar!". Pero, llegó el lobo quien, al ver la casa de cañas, se rió a carcajadas.

Y empezó a soplar. Al comienzo, la cabaña aguantó; pero, de tanto soplar, se levantó un viento tan fuerte que la pequeña casa tembló y voló por los aires junto a los dos cerditos, que quedaron patas arriba.

"¡Corre, corre; vamos a la casa de ladrillos... y estaremos a salvo!", exclamó el más pequeño. "¡Abre, rápido! —le gritaron al cerdito sabio—. ¡Abre la puerta!". El hermano despertó, abrió y los hizo entrar.

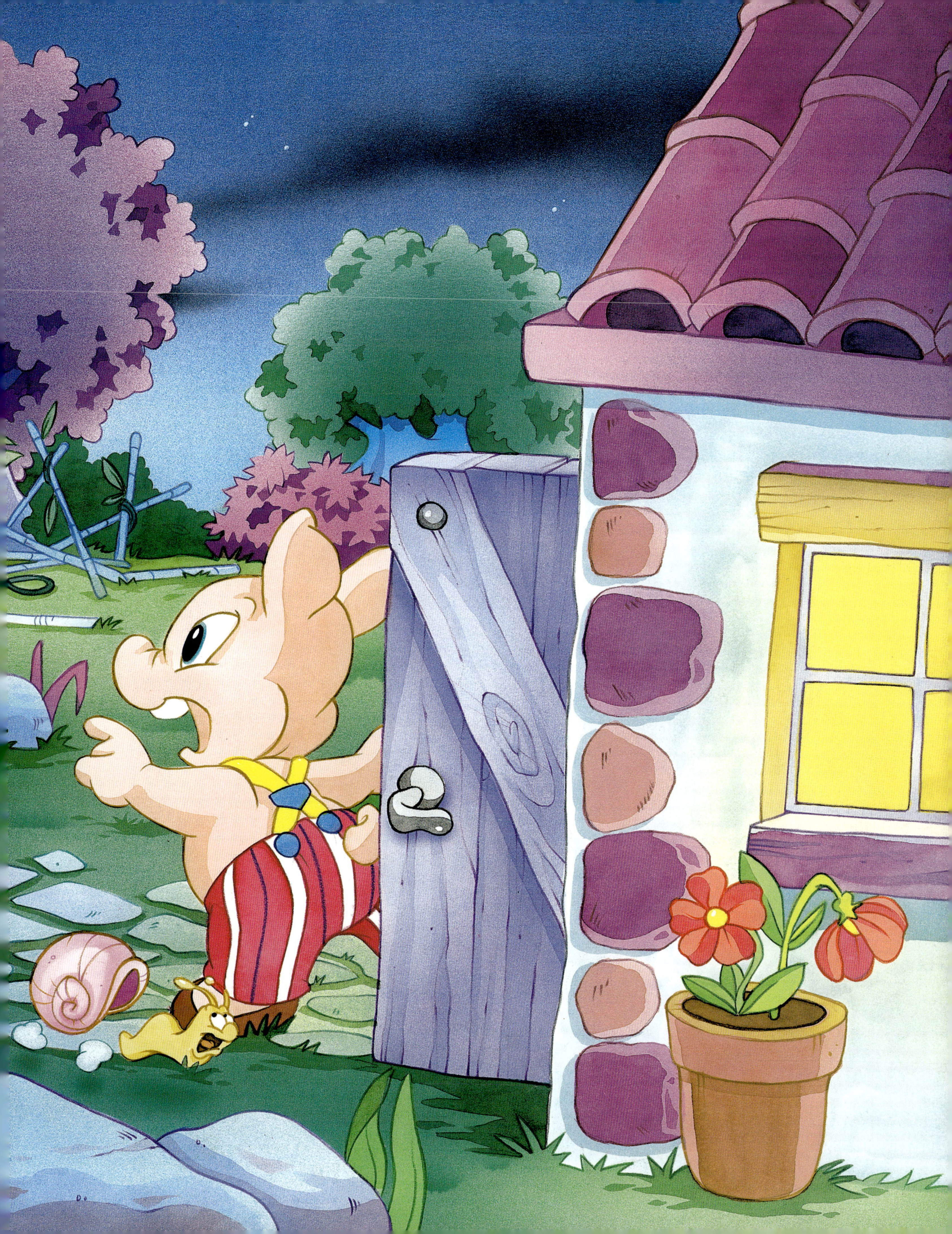

Llegó el lobo y comenzó a soplar más fuerte que antes; pero, ¡la casita siguió aguantando! "Le haremos una muy mala jugada; tomen una olla con agua y pónganla en el fogón", susurró el más grande. Luego, para que lo oyera, empezó a gritar:

"¡Qué lobo más tonto: se queda allí afuera, soplando, y no sabe que podría subirse al techo y bajar por la chimenea!"

El lobo, que había escuchado, entró por la chimenea; pero, no podía ver dónde apoyar sus patas; sin embargo, siguió bajando, pensando en el manjar que lo esperaba.

Pero, al final del recorrido, se cayó estruendosamente en la gran olla de agua hirviente, aullando por el terrible dolor. Los cerditos rápidamente colocaron una tapa muy pesada.

Felices, los tres hermanos corrieron afuera a festejar; pero, poco después, apiadados por los gritos del pobre lobo, lo liberaron. Entonces, le hicieron prometer que para siempre dejaría en paz a los animales del bosque, y que nunca volvería a hacer bromas pesadas.

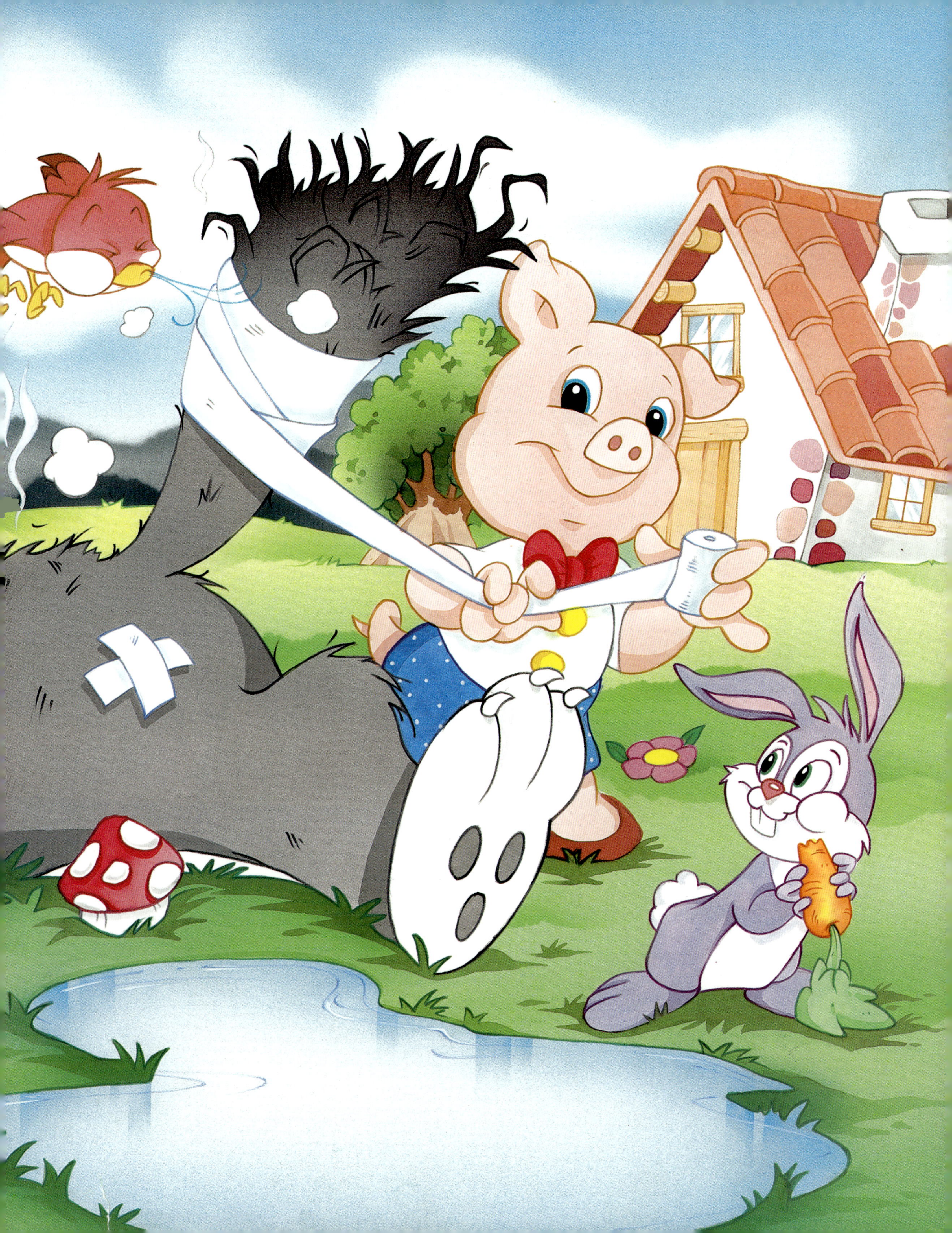

Desde aquel día, el lobo se volvió muy bueno. Ayudó a los tres cerditos a reconstruir sus casas y, todos los días, se presentaba, puntual, para jugar con ellos, para zambullirse en el laguito y devorar gustosas meriendas.

EL PATITO FEO

Había una vez una pata que había puesto sus huevos, y esperaba pacientemente que éstos se abrieran.

Por fin, los huevos
se abrieron y de ellos salieron
siete pequeños y vivaces patitos.

Tan sólo el huevo más grande aún no se abría; y así, mamá pata volvió a incubarlo con paciencia.

Luego de unos días, el huevo se abrió,
saliendo un patito grande y feo,
tan feo que todo el mundo se reía de él.

El pobre patito estaba muy triste porque no se parecía a sus hermanitos.

Mamá pato al mirarlo pensó:
"Quizá sea un pavo... trataré
de lanzarlo al estanque...
es sabido que los pavos no aman el agua".

Sin embargo, el Patito Feo era muy buen nadador, y entonces la mamá decidió tenerlo en la familia.

Al día siguiente, mamá pato llevó a sus pequeños al patio, para que jugaran con los demás animales.

El Patito Feo se dio cuenta de que nadie quería jugar con él, y eso lo entristeció. Todos lo perseguían y se burlaban de él.

Y entonces, el pobrecillo, desesperado, decidió huir; y se refugió cerca de un laguito frecuentado por patos salvajes.

Con los patos salvajes se sentía cómodo, aun cuando éstos, extrañados por su aspecto, lo miraban de reojo. Un desafortunado día llegaron unos cazadores y los patos levantaron vuelo gritando: "¡Huye, huye lejos de aquí, ya llegaron nuestros enemigos...!".

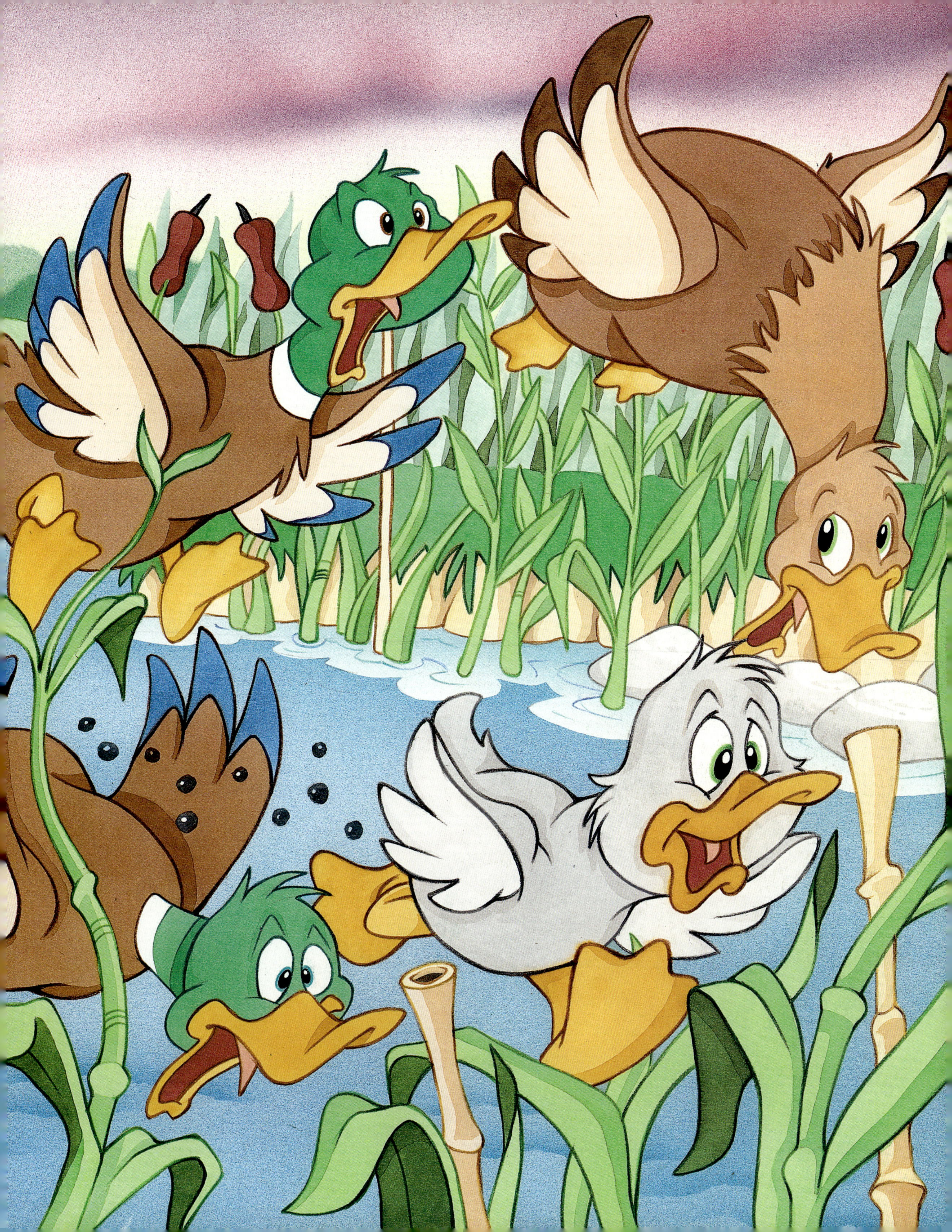

El Patito Feo huyó; pero, dondequiera que iba, los animales se burlaban de él. "Soy feo y sin gracia; soy la criatura más sola y triste del mundo, y nadie me quiere de amigo", pensaba entre sí.

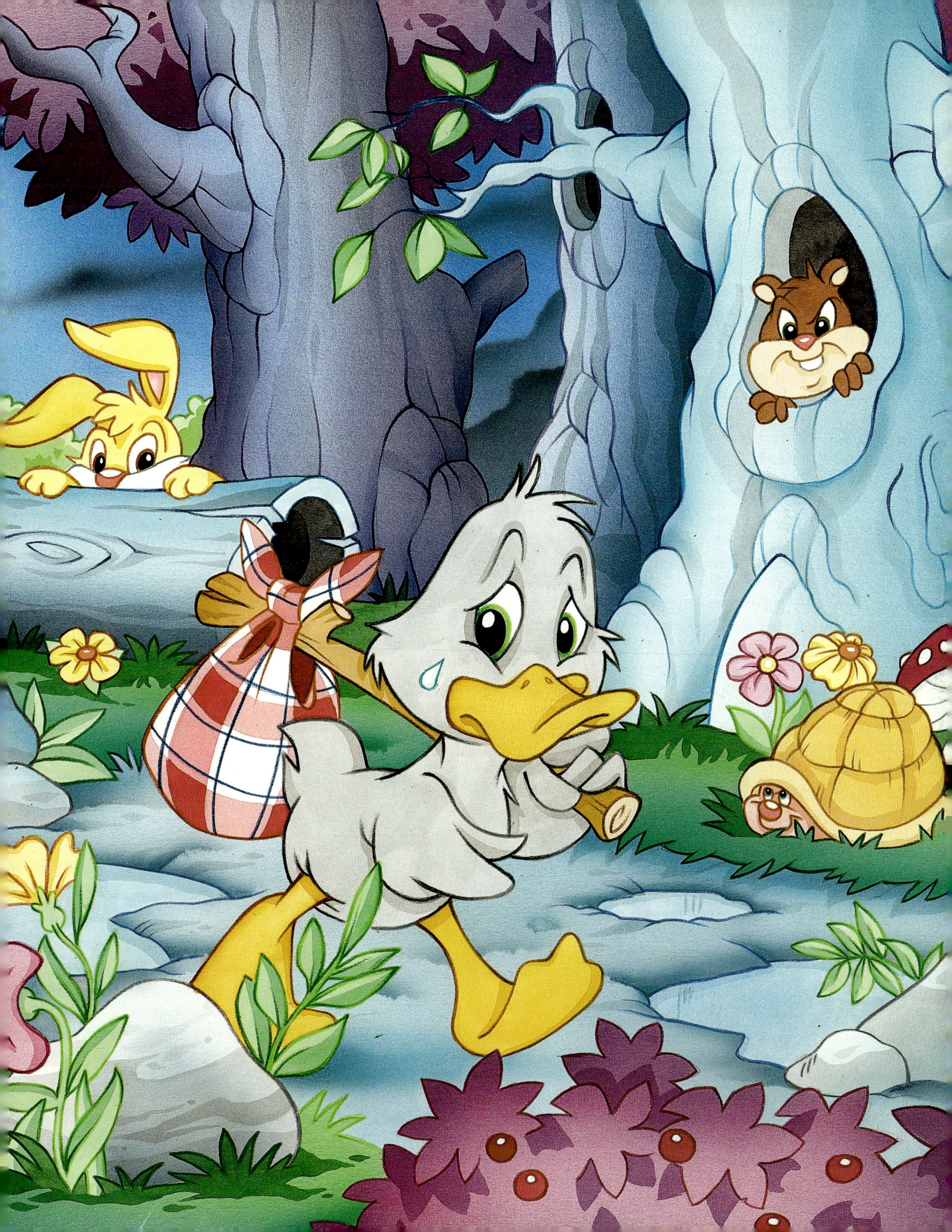

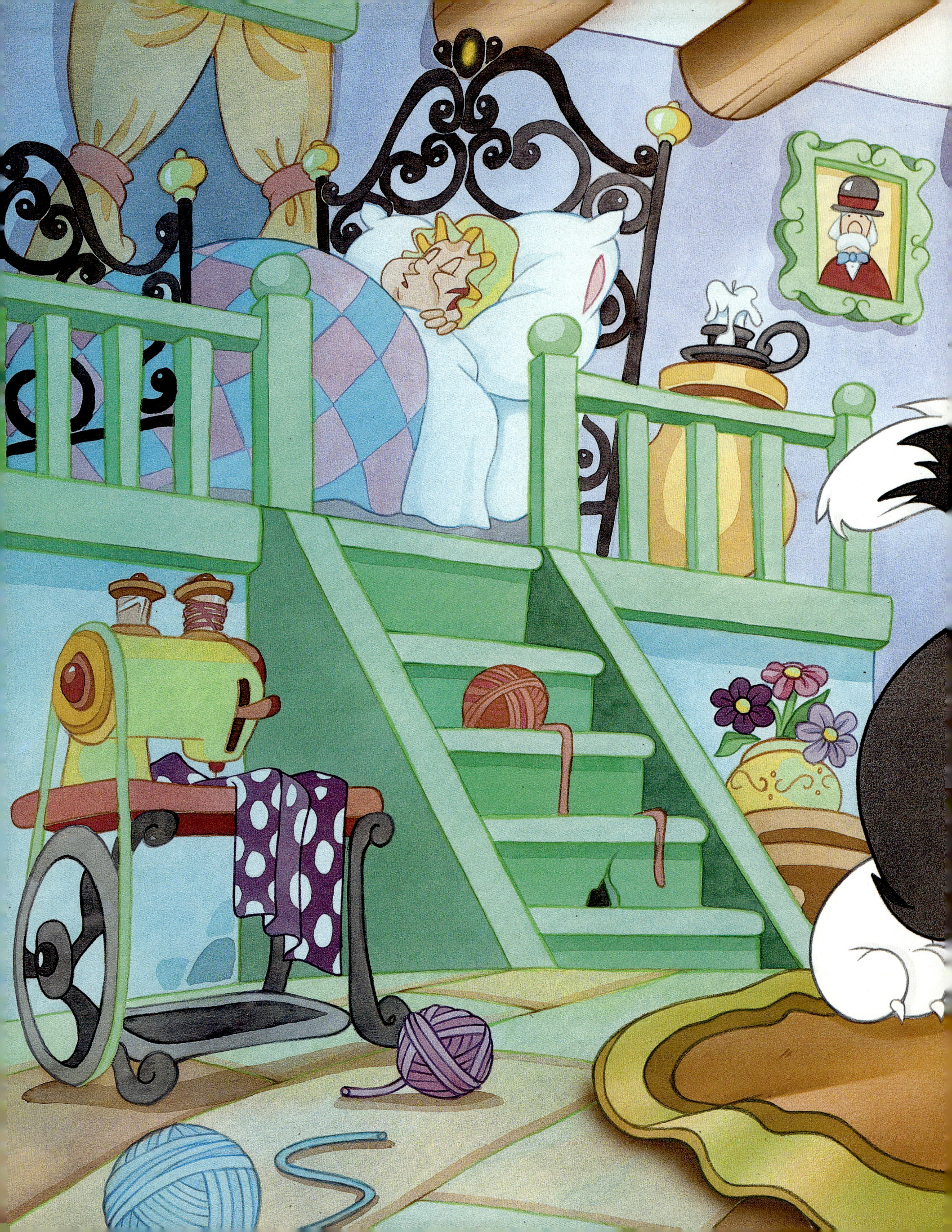

Un día conoció a una amable viejita que, enternecida, una noche lo hospedó en su casa. Pero el gato, celoso y preocupado por el recién llegado, lo sacó.

Ya se estaba acercando el invierno, y el viento helado arrancaba las hojas de las ramas. El Patito Feo levantó su mirada y vio una bandada de aves: eran bellísimos cisnes blancos, de plumas largas y elegantes, que volaban hacia el sur, escapando del frío clima del invierno.

"¡Quisiera volverme bello como ellos!", suspiró el patito.

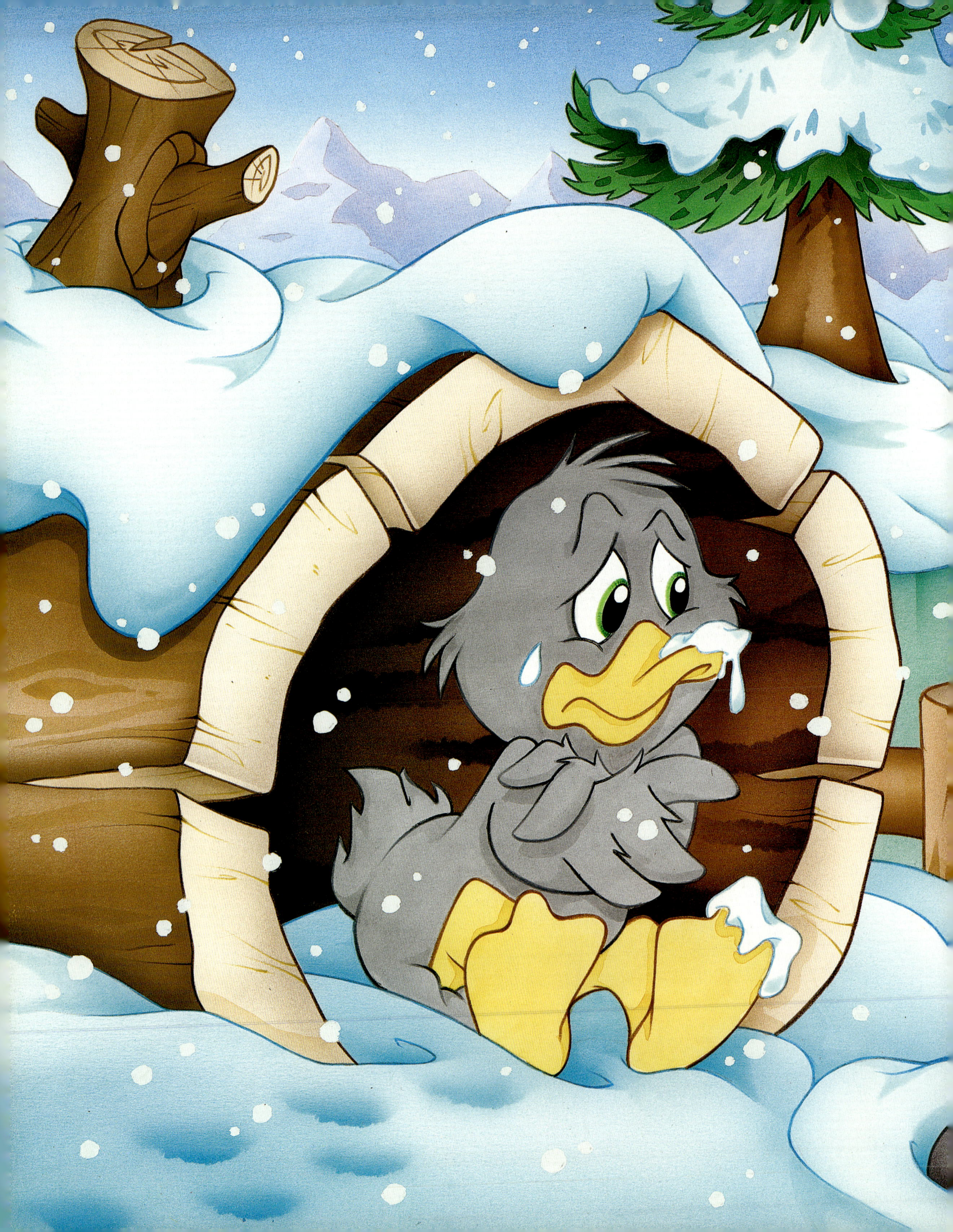

Fue un invierno largo y muy rígido; y el Patito Feo casi se muere del frío. Se mantuvo acurrucado en la nieve todo el tiempo, en completa soledad.

Cuando por fin llegó la primavera, el Patito Feo abrió sus alas, se miró en el agua y, con gran asombro, vio que ya no era pequeño y feo, sino que se había vuelto un bellísimo cisne blanco.

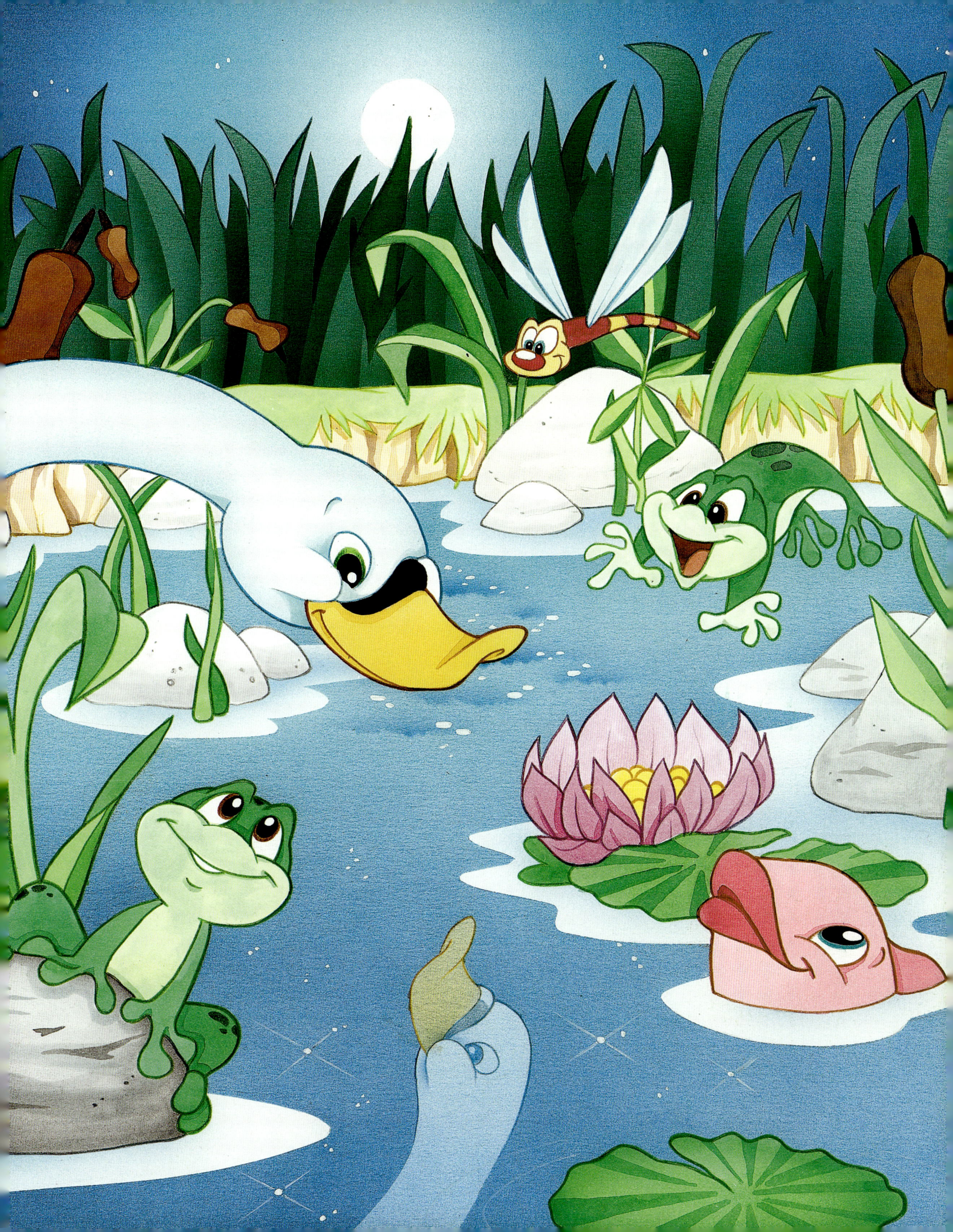

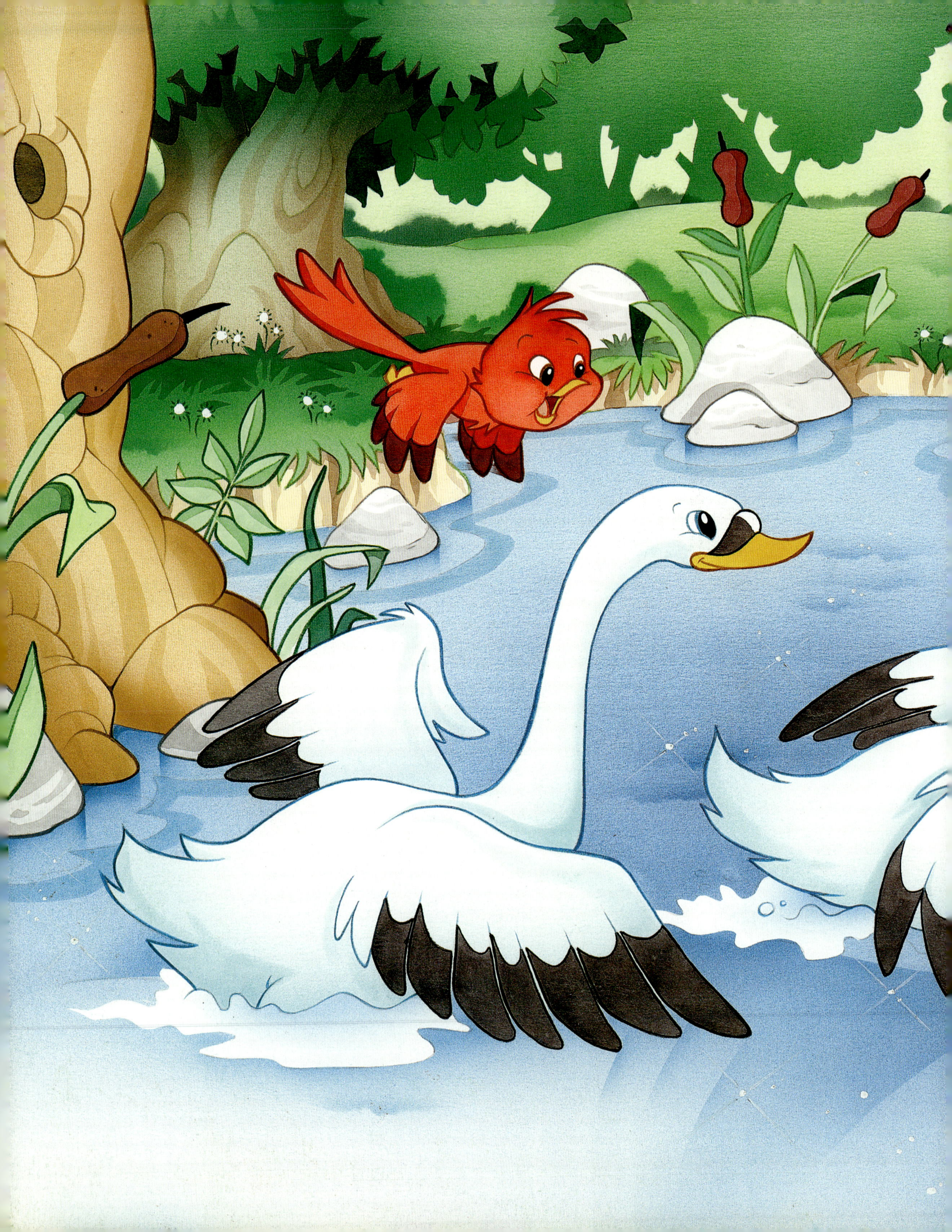

Entonces, sintió que lo llamaban, levantó su mirada hacia el cielo y vio a una bandada de cisnes: "¡Ven con nosotros y nos volveremos amigos!". Con gran orgullo, levantó vuelo y se unió a ellos. ¡Nunca había sido tan feliz en su vida!

Un día el lindo cisne voló sobre la estancia donde había nacido; todos los animales levantaron su mirada y, con gran asombro, acordándose del Patito Feo, observaron al bellísimo cisne dar vueltas, ligero y agraciado, por encima de ellos.

EL GATO CON BOTAS

Había una vez un viejo molinero que dejó en herencia a sus hijos: un molino, un burro y, al menor entre ellos, un gato.

El joven, muy triste, no sabía qué hacer con ese animal; pero, el gato le dijo: "¡No te desesperes, mi señor; confía en mí! Consígueme un par de botas de cuero, un sombrero con pluma y un saco de tela".

El joven, quien no tenía qué perder, le dio lo que pedía. Y fue así como el gato, una vez se hubo puesto las botas y el sombrero, se dirigió hacia el bosque, capturó un gran conejo, lo guardó en el saco y se fue al palacio del rey.

Pidió audiencia con el rey, quien lo recibió curioso. "Su majestad, tengo que entregarle un presente del Marqués de Carabás, mi señor", dijo el gato haciendo reverencia. "Aun cuando no lo conozco —dijo el rey, quien era muy goloso— se lo agradezco mucho".

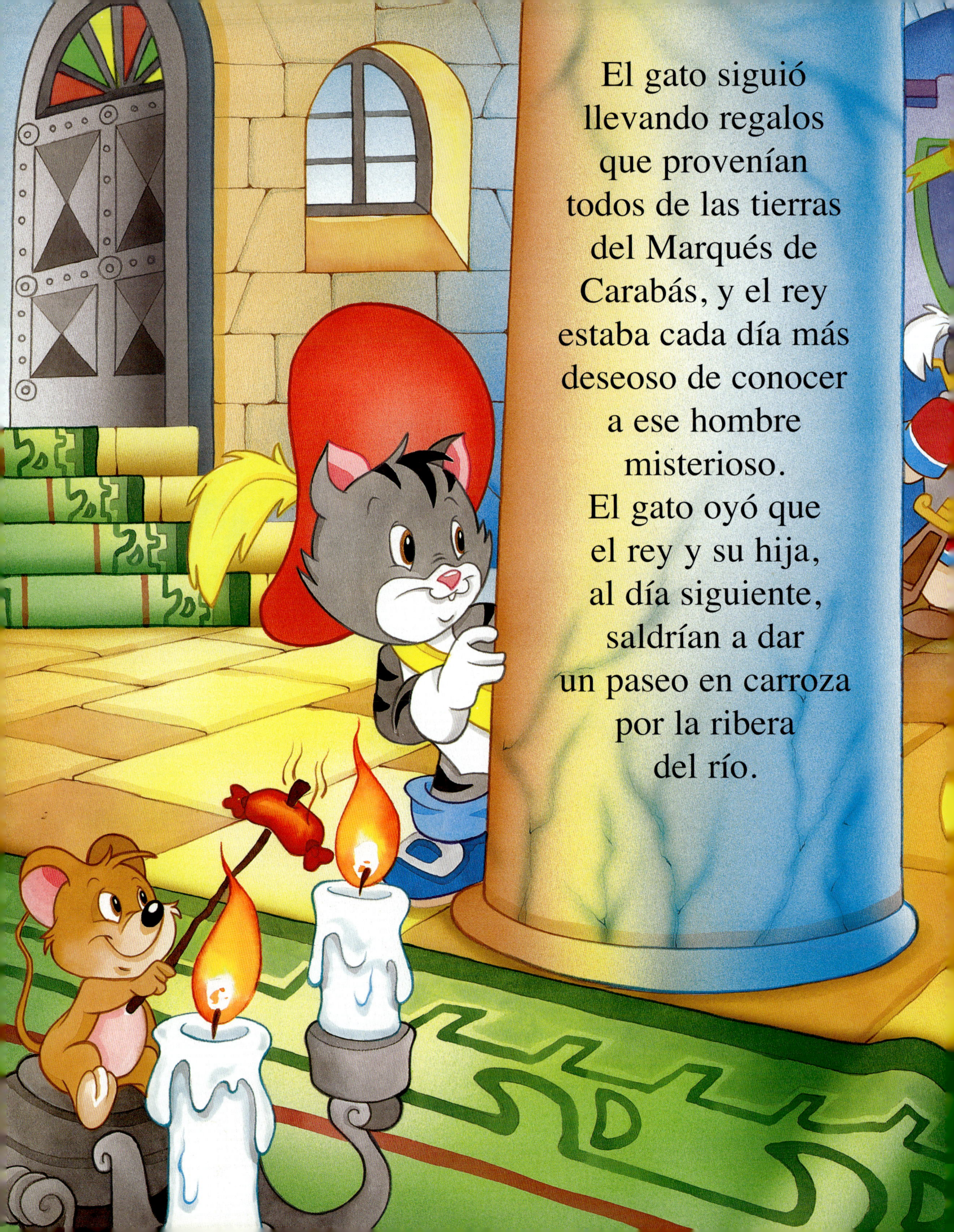

El gato siguió llevando regalos que provenían todos de las tierras del Marqués de Carabás, y el rey estaba cada día más deseoso de conocer a ese hombre misterioso. El gato oyó que el rey y su hija, al día siguiente, saldrían a dar un paseo en carroza por la ribera del río.

"Mañana irás al río y te bañarás allí donde yo te diga —le recomendó el gato a su señor—. Pronto ¡te volverás muy rico!".

El joven obedeció y fue a bañarse en el río. Cuando llegó la carroza real, el gato empezó a gritar:

"Auxilio, robaron al Marqués de Carabás! ¡Ayúdenme a salvarlo: no sabe nadar!".

El rey reconoció al simpático gato; mandó parar la carroza y ordenó a sus guardias que socorrieran al Marqués; le regaló un elegante traje nuevo y lo invitó a salir del agua.

Mientras tanto el gato, quien se había adelantado, le pidió a los campesinos: "Cuando pase la carroza del rey, digan que estas tierras le pertenecen al Marqués de Carabás". Y fue así como, al preguntar el rey de quién eran aquellas tierras y aquellos campos cultivados, los campesinos contestaron: "¡Del Marqués de Carabás!".

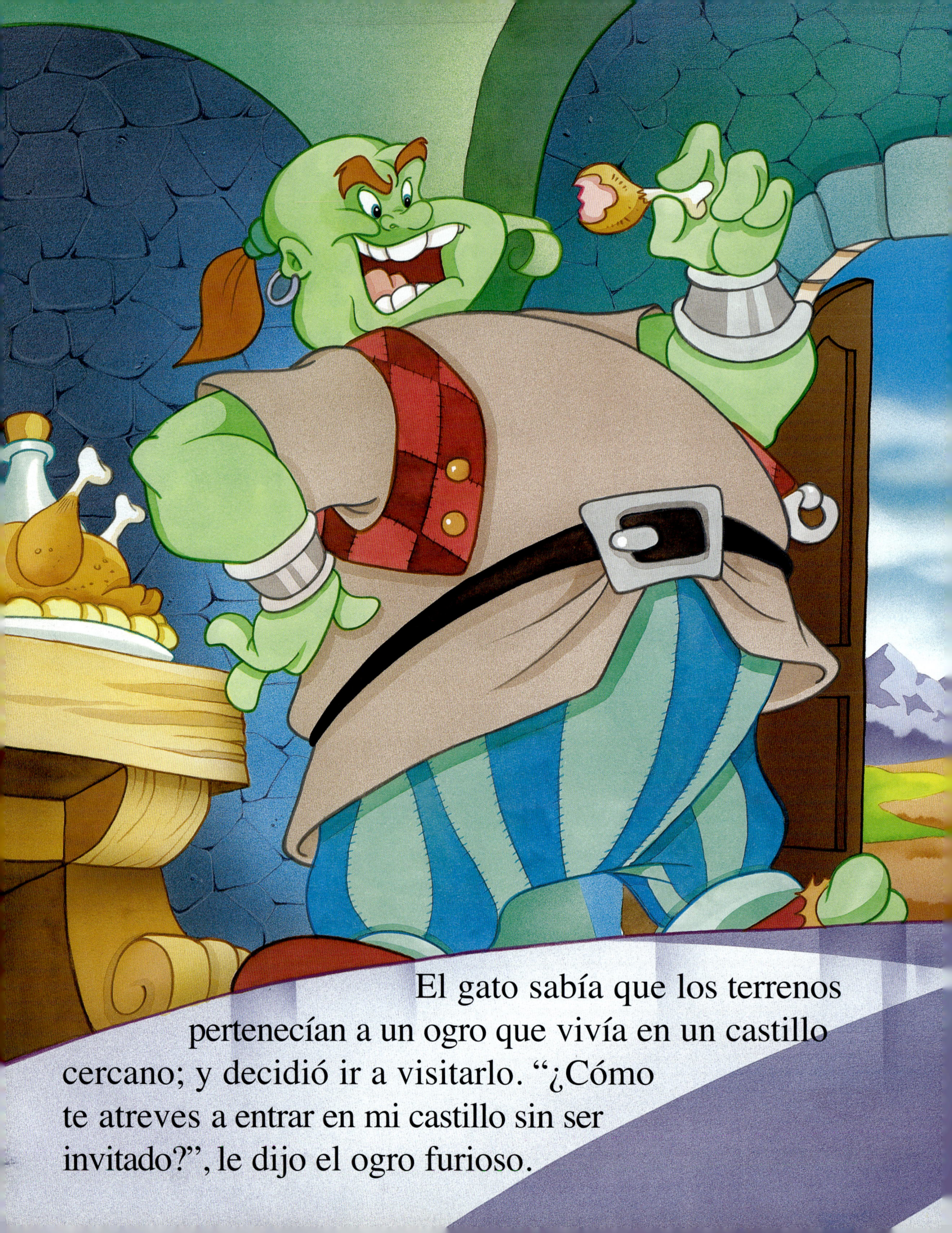

El gato sabía que los terrenos pertenecían a un ogro que vivía en un castillo cercano; y decidió ir a visitarlo. "¿Cómo te atreves a entrar en mi castillo sin ser invitado?", le dijo el ogro furioso.

"Señor, oí contar cosas increíbles sobre sus poderes mágicos... Sé que puede transformarse en cualquier animal. Quisiera ver si es verdad", le contestó el gato.

El ogro se transformó en un león; entonces el gato le dijo: "¿Puede transformarse en un animal muy pequeño?".

Y cuando el ogro se volvió un ratoncito, el gato, velocísimo, extendió su pata y… ¡se lo comió de un solo bocado!

Al llegar la carroza real, el gato se puso a gritar: "¡Bienvenidos al castillo del Marqués de Carabás; sigan adelante!". El joven asombrado invitó al soberano y a la princesa a visitar su castillo.

Mientras tanto, la princesa se enamoró de aquel joven de modales amables. Luego de visitar los salones más suntuosos, los tres se pararon en el comedor donde había una mesa puesta con miles de platos exquisitos.

El rey exclamó:
"¡Qué mesa tan espléndida!...
y qué variedad de platos:
carnes, dulces, vino
de las más finas marcas!".

El rey, mientras tanto, notó que el joven había quedado fascinado por la belleza de la princesa; por lo tanto, decidió que podía tomarla por esposa y le preguntó a los dos jóvenes si deseaban casarse.

El joven enamorado le contestó: "Majestad, sería para mí un gran honor poder desposar a su hija".

Y, feliz, miró a la amada princesa, ya pensando en los preparativos de las bodas.

El matrimonio fue celebrado en el palacio del rey. Fueron invitadas las familias más importantes del reino y, por tres días y tres noches, hubo fiesta.

Y fue así como el hijo del molinero se volvió un príncipe rico, justo y amado por todos los súbditos.

El gato pícaro tuvo,
naturalmente,
una brillante carrera,
y se volvió consejero
personal del rey.

PINOCHO

Había una vez, en un pequeño pueblo de la montaña, un carpintero, de nombre Gepeto, el cual no tenía hijos. Sintiéndose solo, tomó un pedazo de madera y construyó un títere bellísimo a quien llamó Pinocho.

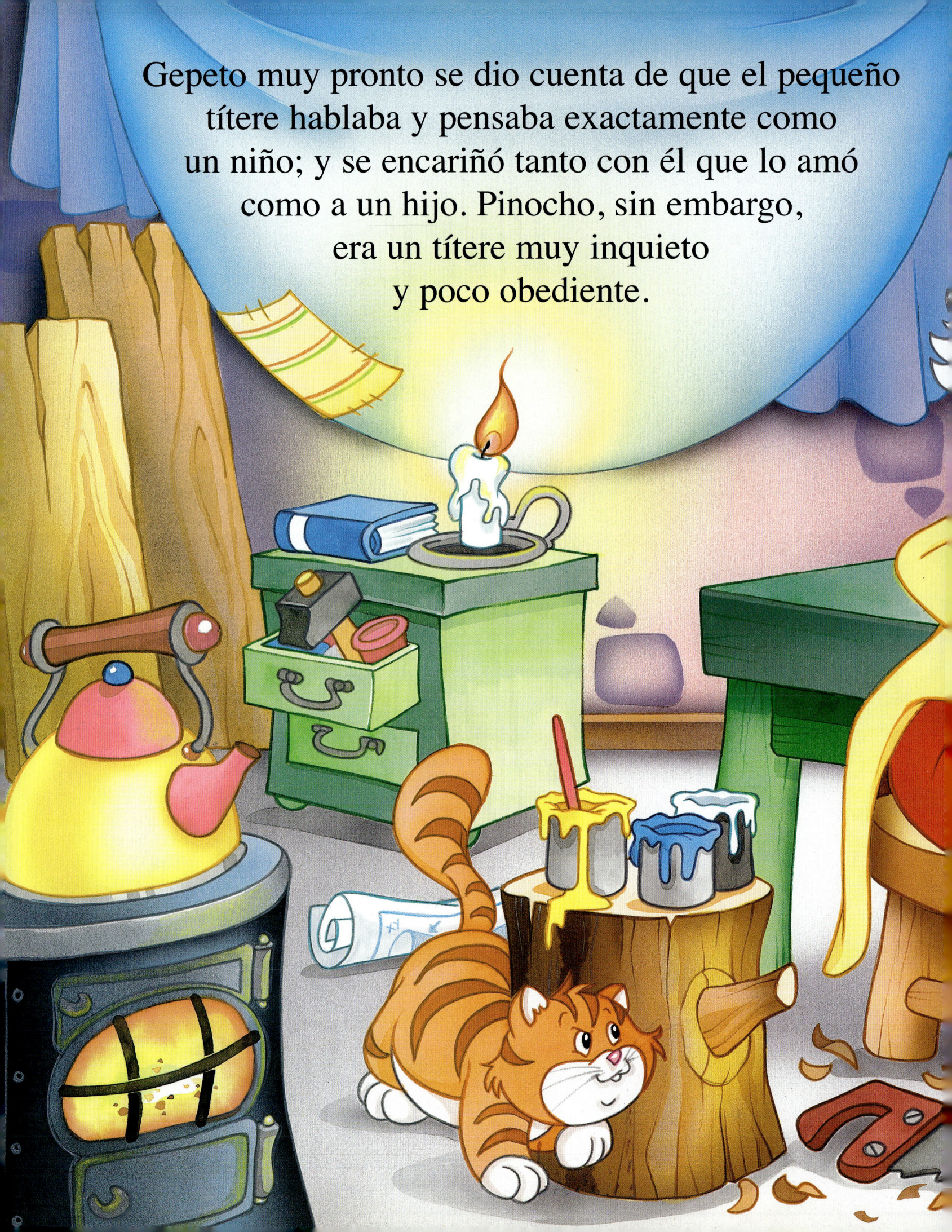

Gepeto muy pronto se dio cuenta de que el pequeño títere hablaba y pensaba exactamente como un niño; y se encariñó tanto con él que lo amó como a un hijo. Pinocho, sin embargo, era un títere muy inquieto y poco obediente.

Un día, Gepeto vendió
su chaqueta y, con el dinero,
compró un libro a Pinocho
y lo mandó a la escuela.

Pero Pinocho, quien no tenía ganas de estudiar, vendió su libro y compró un boleto para ir a ver el espectáculo de los títeres.

Durante el espectáculo,
todos los títeres se mostraron muy
felices de conocer a Pinocho,
y le hicieron una gran fiesta.

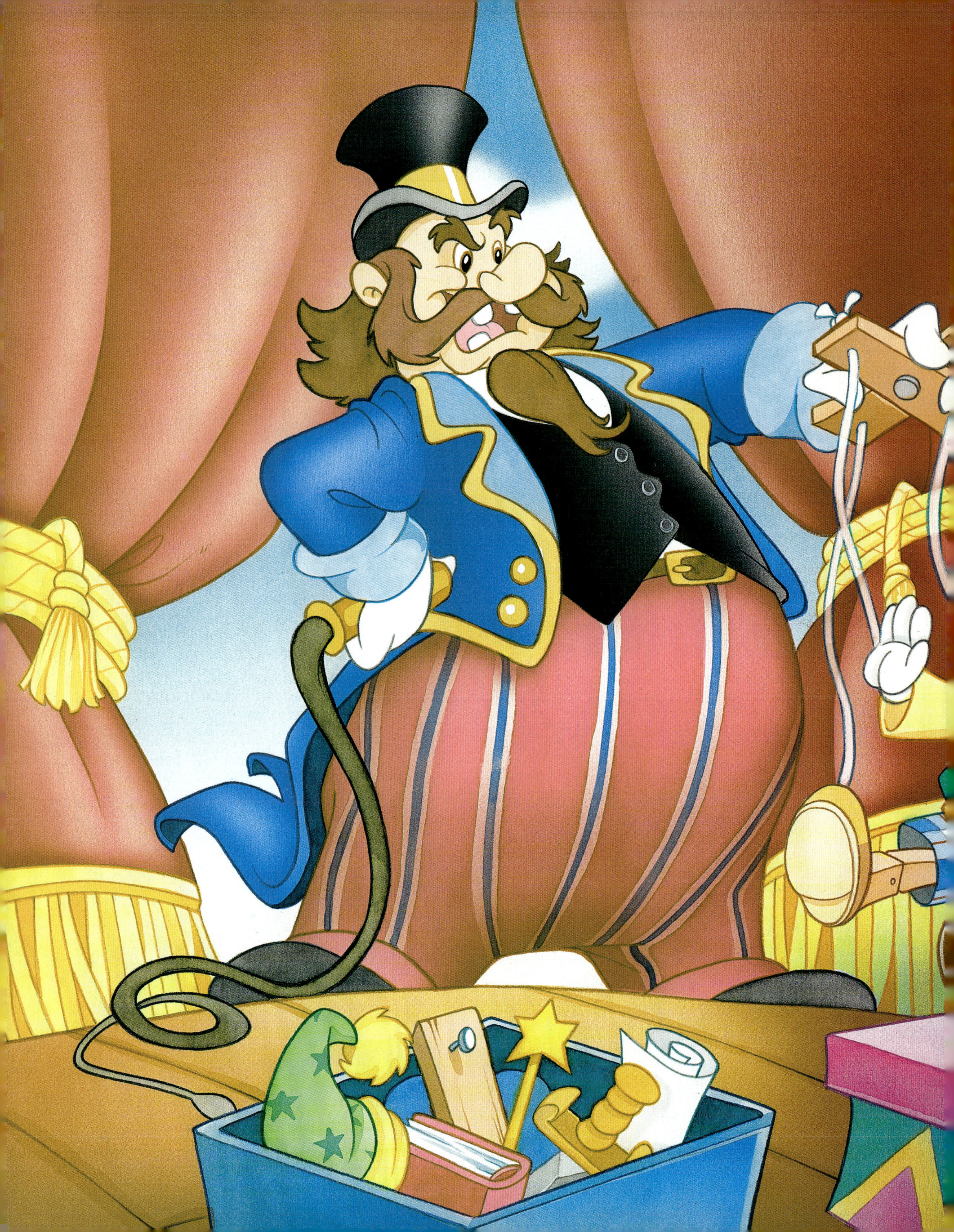

El dueño de los títeres, llamado Comefuego, enojado por ese revuelo, le dio dos monedas como pago y lo sacó a empujones.

En su camino de regreso a casa, Pinocho encontró al gato y al zorro, dos grandes estafadores, quienes le dijeron: "Confía en nosotros y tus monedas de oro se multiplicarán en muy poco tiempo... tan sólo tienes que sembrarlas en aquel campo y... ¡pronto nacerá un gran árbol lleno de monedas!".

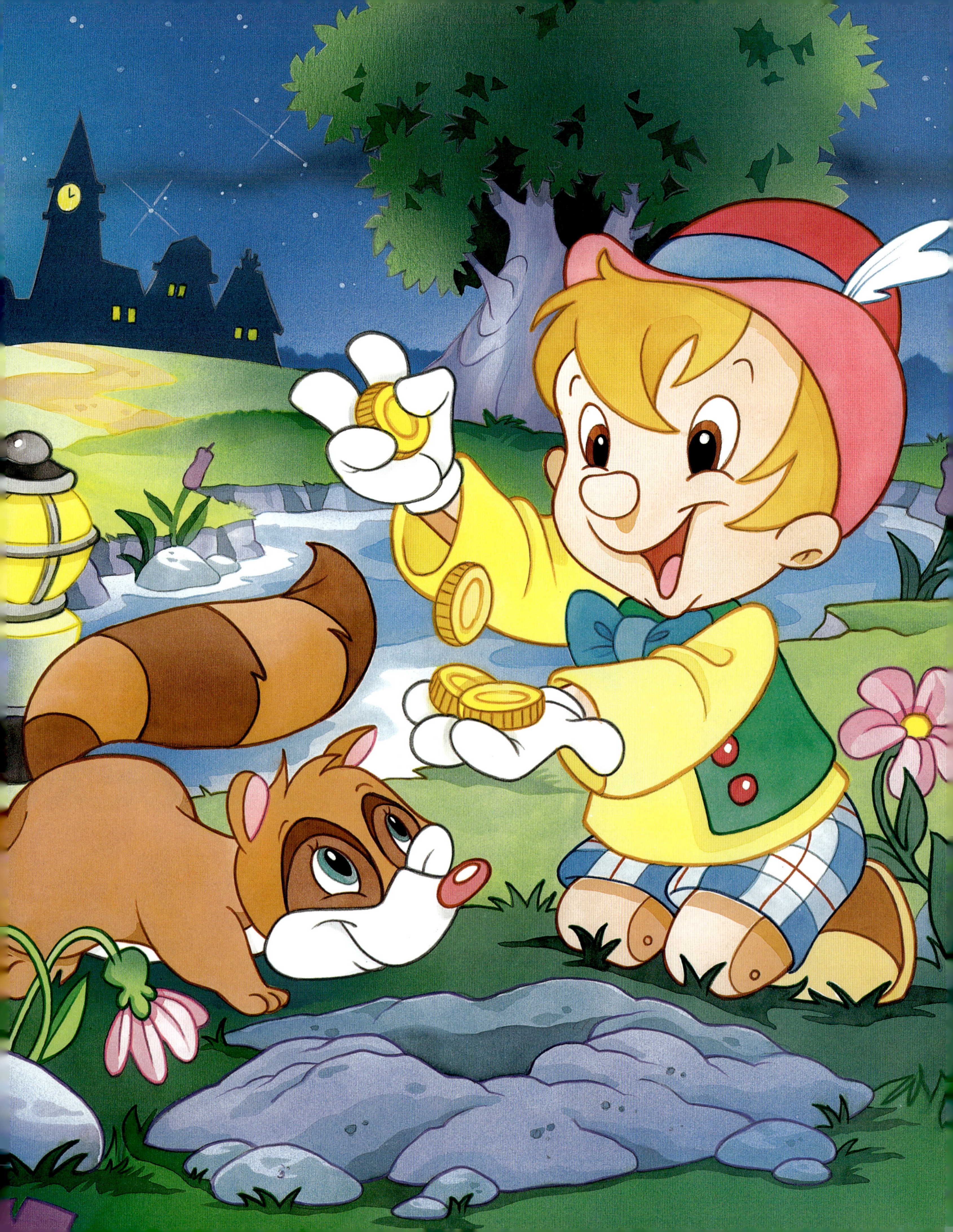

Mientras esperaba,
Pinocho se durmió.
Cuando despertó,
estaba atado a un árbol
y se dio cuenta
de que las monedas
habían desaparecido.

"¡Pobre de mí,
me robaron!", gritó.

Pero, el hada lo liberó y lo llevó a un lugar seguro. Para saber si era sincero, le pidió explicaciones acerca de las monedas; Pinocho empezó a decir mentiras y, después de cada una, su nariz se le alargaba.

El hada Azul lo quería mucho y decidió perdonarlo, dándole otra oportunidad. Lo convenció para que regresara donde Gepeto y volviera a la escuela.

Sin embargo, Pinocho, aún desobediente, se dejó convencer por Espárrago, quien era el más holgazán entre todos sus amigos, para que fueran al País de los Juguetes, donde todos los niños se divertían a escondidas de sus padres.

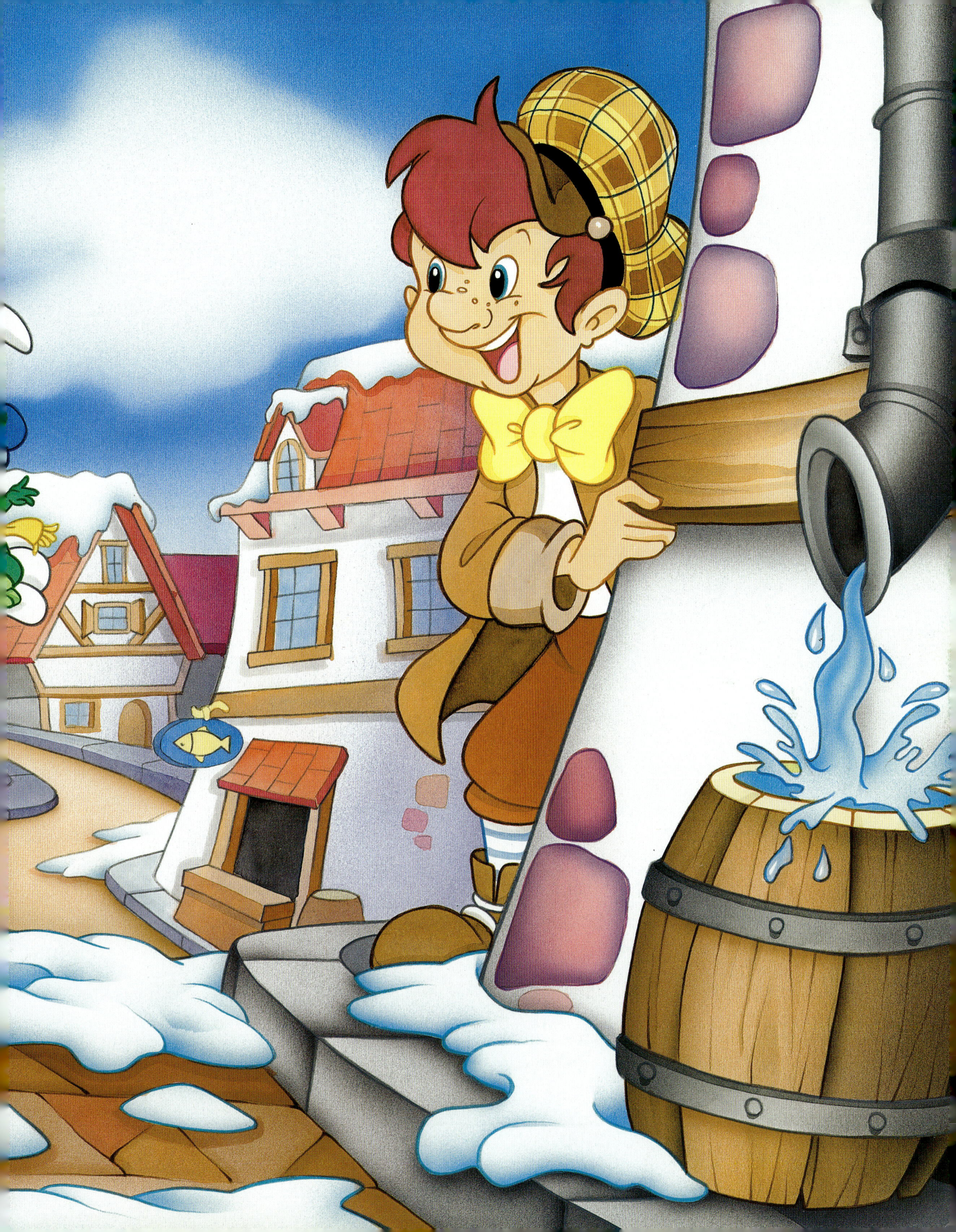

Sin darse cuenta, terminaron como los demás niños, transformados en unos burritos, y luego fueron tirados al mar.

Pinocho, a merced de las olas del mar tempestuoso, fue tragado por una enorme ballena.

Imagínense cuán grande fue su sorpresa cuando, en la barriga de esa enorme bestia, Pinocho volvió a ver al amado Gepeto, quien salió al mar a buscarlo y también fue devorado.

Al estornudar la ballena, Pinocho y Gepeto escaparon hacia el mar abierto.

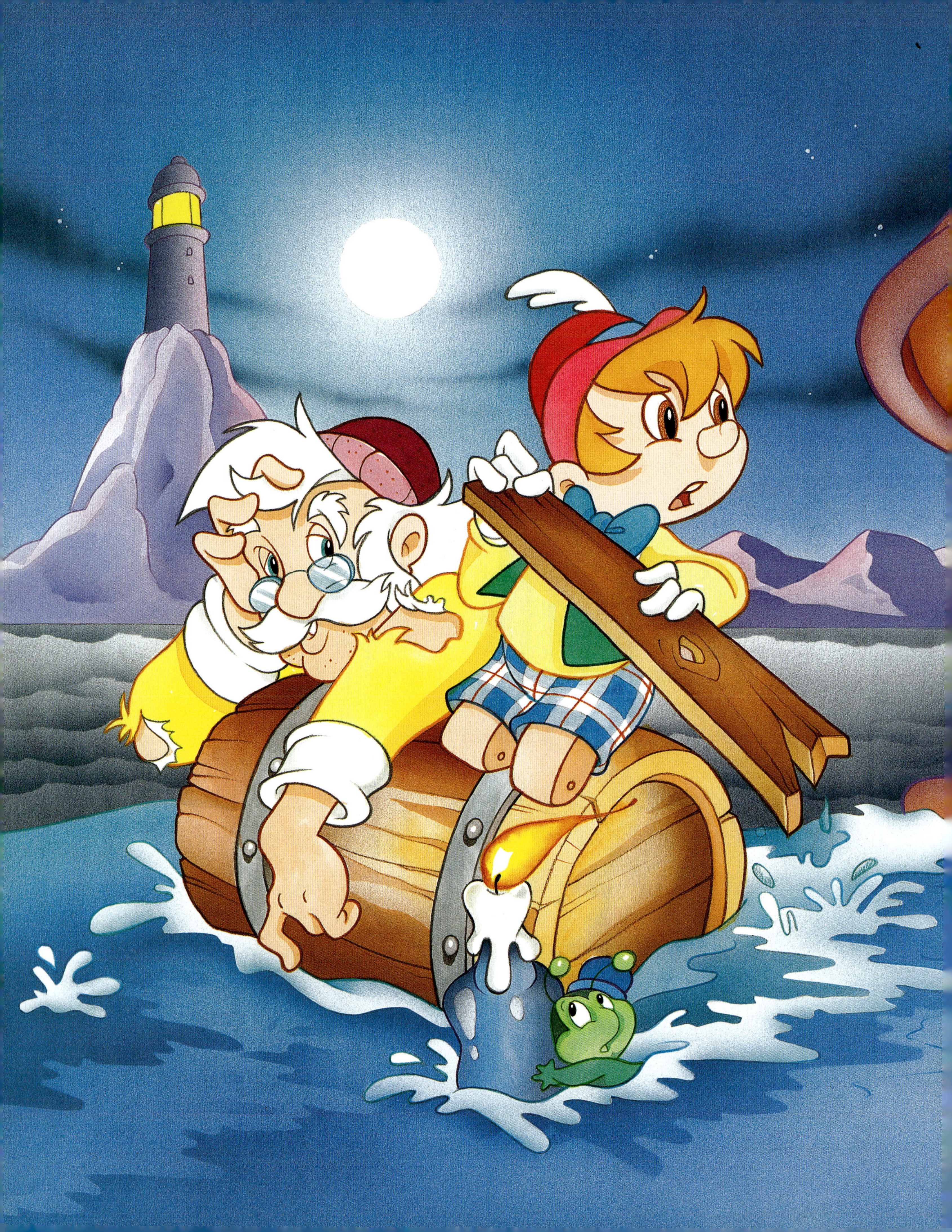

¡Por fin eran libres! Pinocho ayudó a su padre a alcanzar la orilla y ponerse a salvo. Había llegado el momento de empezar una nueva vida. Esta vez, Pinocho, quien había aprendido la lección, buscó un viejo libro y volvió a la escuela, convencido de que tenía que portarse bien, sin hacer caso a los falsos amigos.

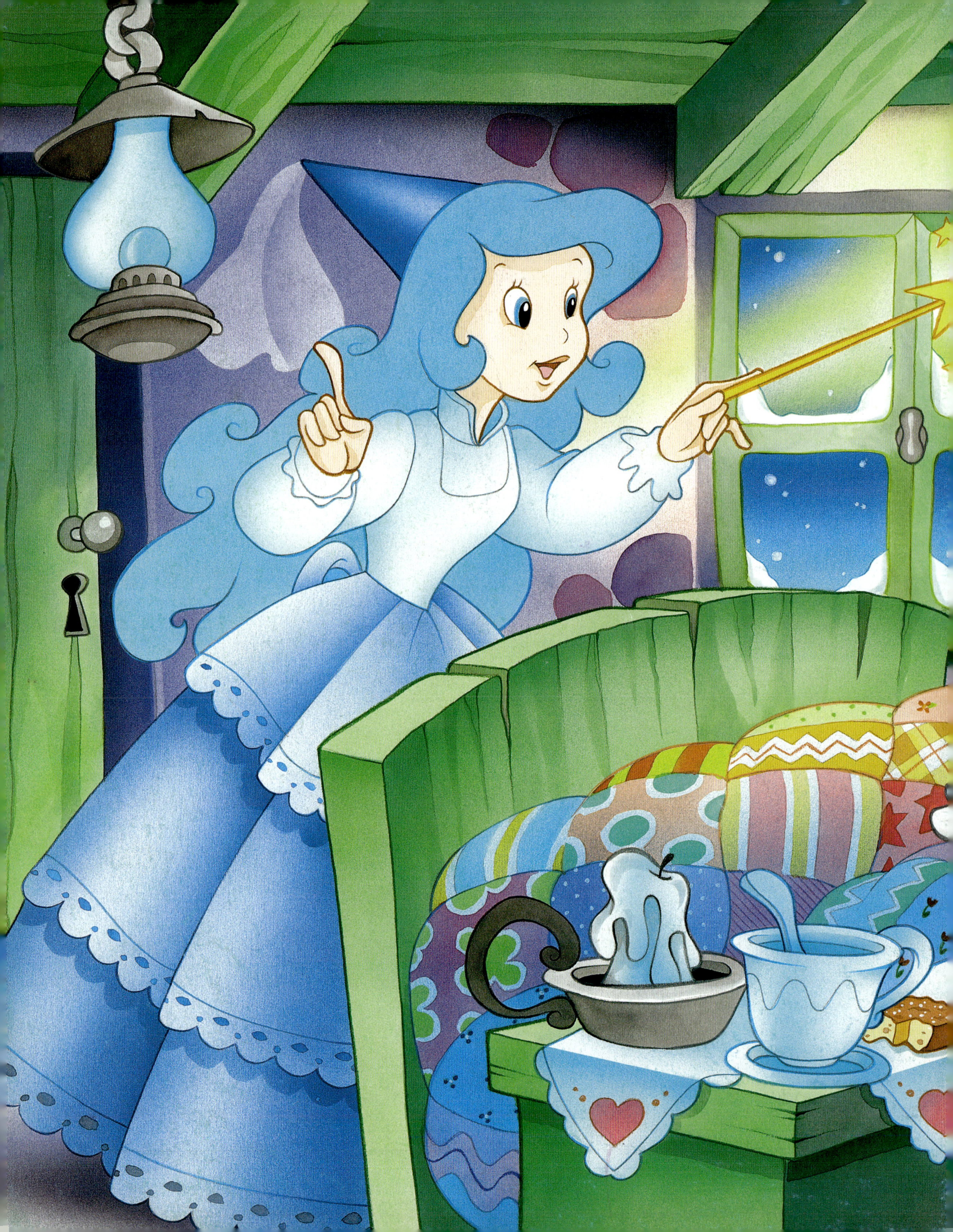

Por la noche, mientras dormía, el hada Azul se le apareció a Pinocho: "Estuviste bien y... ¡por fin aprendiste la lección! Ahora que te volviste un buen muchacho, por fin puedo darte el regalo más grande: ¡te volverás un niño como todos los demás!".

Pinocho no podía creerlo y, lleno de dicha, se miró al espejo: ¡era de verdad un niño de carne y hueso! Corrió a despertar a Gepeto, quien no pudo retener las lágrimas de tanta felicidad. Desde entonces, siempre estuvieron juntos.